# 벌거숭이 임금님 :
# 신임 보스의 사회학

이론출판

니클라스 루만(Niklas Luhmann, 1927~1998)
빌레펠트대학 사회학부 교수를 지냈다. 100여 권의 저서와 500여 편에 이르는 논문을 통해, 근대사회의 정치, 경제, 학문, 법, 종교, 예술, 교육, 사랑, 대중매체, 조직 등의 모든 현상을 사회학적 체계이론이라는 하나의 프레임으로 분석하고 기술하였다.


위르겐 카우베(Jürgen Kaube, 1962~)
프랑크푸르터 알게마이네 차이퉁의 공동 편집자이다. 2012년에 경제 비평 부문의 스윞트 상(Swift-Preis)과 루드비히 뵈르네 상(Ludwig-Börne Preis)을 수상하였다.


이철(1963~)
동양대학교 행정경찰학부 교수로 재직 중이다.『쉽게 읽는 루만』, 『예술체계이론』, 『사회의 교육체계』, 『사회의 스포츠』, 『니클라스 루만 — 인식론적 입문』, 『사랑: 연습』 등을 번역하였으며, 『하버마스냐, 루만이냐? — 사회이론인가, 사회공학인가?』, 『사회적 체계들』, 『사회의 학문』, 『조직의 기능과 파생 문제들』, 『루만 — 핸드북: 생애 — 저작 — 영향』, 『역설의 형식 — 조지 스펜서브라운의 "형식의 법칙들"의 수학과 철학에의 입문 』 등의 번역을 진행 중이다.

니클라스 루만

# 벌거숭이 임금님 :
# 신임 보스의 사회학

위르겐 카우베 편집

이철 옮김

이론출판
THEORIE

Niklas Luhmann
*Der neue Boss* ⓒ 2016, Suhrkamp, Berlin, Germany.
All rights reserved.
Korean Translation Copyright ⓒ 2016 by Theorie Publishing
This Korean edition is published by arrangement with Suhrkamp Verlag
through Bestun Agency, Korea.
이 책의 한국어판 저작권은 베스툰 에이전시를 통한 저작권자와의
독점 계약으로 이론출판사에 있습니다. 신저작권법에 의해 한국 내
에서 보호를 받는 저작물이므로 무단 전재와 복제를 금합니다.

**벌거숭이 임금님: 신임 보스의 사회학**
인쇄: 2018년 1월 15일
발행: 2018년 1월 15일
저자: 니클라스 루만
번역: 이 철
펴낸 곳: 이론출판사(yeol6204@gmail.com)
펴낸이: 현숙열
주소: 서울 중랑구 겸재로 40길8 E-202
전화: 070-7522-2700, 팩스: 0504-1666-149
출판등록: 323-2014-000062(2014. 07. 07)
ISBN: 979-11-955289-6-7(02330)
가격: 15,000원

니클라스 루만 Niklas Luhmann
# 벌거숭이 임금님 : 신임 보스의 사회학
Der neue Boss

위르겐 카우베 편집 Ed. by Jürgen Kaube

이철 옮김

# 차례

역자 서문  7
신임 보스  21
자발적 질서 형성 : 행정 속의 인간  65
아래로부터의 감시 또는 상사 조종 기술  117
출처  136
편집자 후기  137

# 역자 서문

『벌거숭이 임금님: 신임 보스의 사회학』은 독일의 사회학자 니클라스 루만의 초기 미출간된 글들을 편집한 책이다. 이 책은 작년에 독일에서 출간되자마자 베스트셀러에 올랐다. 루만(1927~1998)은 사회학적 체계이론의 창안자로서 20세기 사회학자들 가운데 가장 비중 있는 인물이면서도, 국내에서는 아직 제대로 알려지지 못한 석학이다. 루만은 생전 70여 권의 저작, 사후 삼십 여권의 유고들, 460여 편의 공식 논문들을 출간했다. 이처럼 방대한 저술 활동은 사회이론, 정치, 경제, 과학, 예술, 종교, 교육, 대중매체, 사랑, 가족,

행정, 조직 등의 전방위적인 분야에 펼쳐져 있다.

또한 루만의 사회학은 19세기말 베버, 뒤르켐, 짐멜, 파레토 등의 고전사회학자들의 연구를 20세기 전반 파슨스가 종합하여 발전시킨 단계를 더욱 최신화하였다. 2000년대 초반 독일어권에서는 이미 인문사회과학의 주도권이 위르겐 하버마스로부터 루만에게 넘어갔으며, 이것은 두 석학의 관련 출간물의 수적 차이가 역전된 후 갈수록 벌어진다는 데서 알 수 있다. 국내에도 최근 들어 루만의 주저들이 속속 출간되고 있으며, 그 가운데 이 책은 조직과 행정에 관련된 저술로는 최초로 번역 출간된다. 그래서 이 책의 새로운 독자층을 위하여 루만에 대해 간략히 소개할 필요가 있겠다.

니클라스 루만은 1927년 12월 8일 독일 북부의 뤼네부르크에서 양조업자인 아버지와 스위스 베른의 호텔리어 집안 출신인 어머니의 장남으로 태어났다. 루만은 2차대전 말 공군보조병으로 투입되어 종전과 함께 포로수용소에 수용된다. 18세의 루만은 수용소에서 미군으로부터 폭행을 당하는 경험을 하는데, 이 일은 그가 나중에 많은 인터뷰에서 거듭 말할 정도로 그의 인생관에 큰 영향을 미쳤다. 수용소에서 석방된 루만은 프라이부르크 대학에서 법학을 공부하고 23세에 국가고등고시에 합격한다. 루만은 그 후 니더작센주 교육부(Kultusministerium)에서 나치의 범죄행위를 복구하여 기록하는 담당관(1956-1962)으로 근무한다.

 루만은 정식 공무원으로 임용되었던 25세에 독학을 시작하여, 횔더린, 데카르트, 말리노브스키, 래디클리프브라운, 후설 등을 읽기 시작한다. 루만은 이때 읽은 것의 요점을 기록하는 메모상자를 만들기 시작한다. 그 후 루만은 집필 작업을 할 때마다 기록된 내용들 가운데 필요한 것들을 추려내어, 그 내용들과 소통하며 텍스트를 생산한다. 루만은 미국 생활에서의 귀국길에 그간 구축했던 메모 내용들을 통째로 분실하고는, 꽤 오랜 시간을 들여 내용을 복원한 적도 있다. 나중에 루만은 외국 대학에서 교수 청빙안을 받았을 때, 장거리 여행에서 메모 상자를 분실할 것을 염려하여 사절한 적도 있었다고 한다. 루만은 24개의 미리 분류된 주제상자에 모든 메모를 분류하였으며, 평생 수집한 자료의 수가 9만 개에 달했다고 한다.

루만은 이 책의 편집자 후기에서도 언급되듯이, 이 시기에 상사의 보호와 감독이 없는 직책을 홀로 수행하며 조직에 대한 참여 관찰과 새로운 사회학이론의 구상을 진행시킨다. 루만은 1961년 34세가 되던 해에, 독일의 행정관료 연수생들을 초대하는 미국 정부 장학금으로 하버드대학 행정학과에서 1년간 수학할 기회를 얻는다. 여기서 루만은 사회학과의 탤컷 파슨스의 세미나에 참여하여, 자신의 기능 개념을 파슨스와 토론한다. 루만은 파슨스의 제자로 알려졌는데, 이것은 사실과 다르다. 루만은 이 세미나에서 전체를 전제하지 않은 자신의 기능 개념을 파슨스와 토론하였다. 루만의 제자인 경북대 사회학과 노진철 교수의 말에 따르면, 파슨스가 의미 개념을 추상성이 낮은 차원에서 이해하고 있었다고 루만이 회고했다고 한다. 루만은 의미를 감각적인 것과 관련되는 Sinn으로 이해했던 반면, 파슨스는 의미를 Meaning의 뜻으로 이해하였다. 루만은 파슨스의 제자라고 볼 수 없으며, 오히려 파슨스의 구조-기능주의가 좌초한 약점을 보완하는 기능-구조주의 이론을 구축하였다.

루만은 귀국 후 슈파이어(Speyer)에 있는 행정학대학 연구소 연구원을 거쳐(1962-1965), 사회학자 헬무트 셸스키의 눈에 띄어 도르트문트 소재 뮌스터대학 사회조사연구소장으로 임명된다. 루만은 1966년 뮌스터대학 법학부와 사회과학부에서 사회과학 박사학위를 취득하고, 같은 해 교수자격 논문심사에 통과한다. 루만은 당시 헬무트 셸스키가 주도한 빌레펠트 대학 사회학대학의 1호 교수로 부임한다. 이때 셸스키는 빌레펠트대학에서 의과대학을 포기한 반대급부로 사회학대학을 설립한다. 루만을 염두에 둔 결정이었다. 단일학과만으로 단과대학을 구성한 이 대학은 나중에 정교수 30여 명, 학생 2,000여 명 규모에 이르는 유럽 최대 규모의 대학으로 성장한다.

루만은 1969년 빌레펠트대학에 교수로 취임한 직후 연구 계획서를 제출하라는 학교의 요청에 "연구계획: 사회이론, 연구기간: 30년, 연구비: 0원"이라는 내용만 담은 계획서를 제출한다. 루만은 1993년 2월 빌레펠트대학에서 정년퇴임하고, 1998년 11월 6일 71세의 나이에 타계하기까지 "사회이론"의 구축에 매진한다. 루만은 30년 사회이론 프로젝트를 통해, 앞서 말했듯이 정치, 경제, 과학, 예술, 종교, 교육, 대중매체, 친밀체계, 사랑, 가족, 조직 등을 근대사회의 새로운 현상으로 분석하여, 이러한 분화 현상들의 종합으로서 집약되는 "사회이론"을 구축하였다.

독일에서는 이제 거의 모든 인문사회과학 분과에서, 루만의 사회학적 체계이론으로의 패러다임 전환이 이루어졌거나, 아니면 분석 틀로서의 수용이 시도되고 있다. 또한 루만의 유고나 논문들을 발굴하여 출간하는 움직임이 끊이지 않고 있는데, 이 책도 그 일환의 하나로 출간되었다. 이 책은 특히 30대 시절 루만의 논문 두 편과 강연 원고 한 편으로 구성되어 있다. 이 짧은 글들은 물론 루만 사상의 단편들을 내비치고 있기는 하지만, 그러한 단편들은 루만이 후에 발전시킨 사회학적 체계이론의 기본 윤곽을 그때 이미 완성해 두고 있었음을 보여준다.

루만은 직업생활의 경험으로부터 학문적인 문제의식을 발전시켰기에, 30대에는 행정 현상에 관한 조직사회학적 논문들을 주로 집필하였다. 루만은 자연적인 사회(social)질서에 익숙했던 전근대사회의 인간들이 근대사회에 들어서면서 인위적인 사회질서를 구축하는 과정에서 행정 및 조직 현상이 사회의 제도로 자리잡았다고 설명한다. 그래서 루만에게 있어, 행정 현상은 공식 질서와 비공식 질서의 공동 작용을 통해 나타날 수 있다. 이 발상은 1930년대 마요 등의 호손 공장 실험에서 공식 질서에 맞서는 비공식 집단의 질서가 존재한다는 점을 밝혀낸 후 두 집단의 대립 관계에만 주목하는 관점을 급진적이며 발본적으로 발전시킨 것이다.

루만은 행정 현상을, 규정된 목적을 위해 적절한 수단을 사용하는 것으로서 정의하는 관점에 동의하지 않는다. 구성원들이 조직 발전에 기여해야 한다는 당위적이며 일방적인 접근도 취하지 않는다. 그보다는 루만은 조직과 행정의 실제적인 작동 기제를 정확하게 기술하는 데에 집중하여, 조직원들이 주어진 업무를 실제로 어떻게 수행해 내는지를 이론화하였다. 이 분석에서는 — 인간 생활의 원리와 상식에도 부합하는 내용으로서 — 모든 상호작용은 쌍방 효과를 발휘한다는 점이 중요하다. 내가 다른 사람과 상호작용하면서 그에게 영향을 미치려 할 때에는, 나 역시 그 사람으로부터 영향을 받지 않을 수 없다. 루만은 이 원칙을 철저하게 적용한다. 그래서 개인이 고유한 질서를 갖춘 집단들과 상대할 때에는, 그 개인이 집단들에게 영향을 미치기보다는 그 반대로 집단으로부터 영향을 받기가 더 쉽다는 점을 발견해낸다. 대통령, 장관, 청장, 사장 등의 교체는 해당 조직과 공무원들에게 당장은 불확실성에 대한 우려를 불러 일으키지만, 얼마 지나지 않아 신임보스들은 자신을 칭송하는 신하들이 원하는 역할로 유도되고 관공서에는 평온한 일상이 되돌아온다.

베버의 지배사회학에서는 지배자와 피지배자가 명령과 순종의 관계를 취하는 것을 당연시하고는 더 이상 캐묻지 않는다. 하지만 루만의 분석은 피지배자들이 지배자의 행동을 제한하는 세련된 전략들을 터득하고 있음을 분석해낸다. 이 책은 바로 이 점에 있어서 조직의 근본적인 개혁 방안을 고민하는 경영자, 정치인, 고위 공무원 뿐만 아니라, 조직전문가들과 조직사회학자 등의 필독서라고 할 수 있다. 이 책은 외부 개입이건 내적 혁신 운동이건, 개혁이 어떤 조직 내적 메커니즘이나 구조에 의해 그 동력을 상실하는지를 드러내 보여 주기 때문이다.

첫째 글, "신임 보스"에서는 모든 조직이 공식 질

서와 비공식 질서의 공동 작용으로 유지되며, 단순한 보스 교체로는 공식 질서만이 교체될 뿐이며, 그러한 조건에서 비롯되는 여러 결과들을 보여준다.

둘째 글, "자발적 질서 형성"은 결정을 내리고 그 결정의 영향을 받는 조직에서 특수하게 생성되는 자발적 질서의 동학을 분석한다. 이 발상은 파슨스가 사회적 행위의 조건으로서 고전적인 행위 모델에 상황 요인을 투입한 개념을 한 단계 더 급진화시킨 것이다. 이 구상에서는 개별 상황 자체가 특수한 행동기대들과 규범들을 생성시킴으로써 그러한 상황에 부합하는 행위 유형들을 안정화시키며, 유사한 상황에서는 비슷한 기대와 규범이 작용한다고 본다.

셋째 글, "아래로부터의 감시 또는 상사 조종 기술은 권력의 영향이 쌍 방향으로 작용한다는 점과, 그 가운데 아래에서 위로 미치는 감시나 조종 기술이 어떻게 작용하는지를 보여준다. 루만은 나중에 이 분석 결과에 근거하여, 주인과 노예가 서로 영향을 미치며 안정적인 관계를 유지하는 기제를 설명한다. 즉 주인은 노예가 자신의 명령에 복종하는지 아닌지 그 "여부"만을 관찰하는 반면, 노예는 주인이 명령을 내리고 검수하는 "방법"을 관찰함으로써 자신에 대한 주인의 통제를 감당할 만한 수준으로 유지하며 자기 생활의 평화를 누릴 수 있다는 것이다. 이 점은 권력이 불균형적인 갈등 관계로서 생성되며 대개 파국에 이르기 쉬운 일방적인 것이라고 치부하는 일반적인 설명들과는 정반대의 결과를 보여준다. 즉 권력은 균형적인 협력 관계 형성의 근본적인 요인이며, 그래서 관계 당사자들은 갈등할 때보다, 협력할 때에 더 큰 혜택을 누릴 수 있다.

마지막으로 이 책의 글들은 니클라스 루만이 나중에 발전시킨 사회학적 체계이론의 기본 발상들을 포함하고 있다.

첫째, "내부/외부-차이"라는 표현은 『조직의 기능과 파생 문제들』(1964)에서 벌써 "체계/환경-차이"라는 표기법으로 사용된다. 루만은 나중에 자신의 사회학적 체계이론에서 똑 같은 표기법을, 정보/통보-차이처럼 다양한 경우에 확장하여 사용하는데, 이것은 "전체/부분-도식"을 대체하면서 자기 이론이 "비대칭 모델"임을 보여준다.

둘째, 루만은 행동기대 층위와 행위 층위를 구별

하는 방식으로, 베버의 사회적 행위 개념을 더욱 분명하게 개념화시키는 방향으로 발전시킨다. 루만의 이러한 구상은 나중에 그의 사회학적 체계이론에서, 사회적 체계(soziales System)와 인적 체계(personales System)를 각각 독자적인 의미체계들로 다루는 발상으로 구체화된다. 루만은 이 관점에 기초하여, 조직 현상을 총체적으로 분석하여 자신의 최초 저작 『조직의 기능과 파생 문제들』(1964)에서 집대성한다. 『벌거숭이 임금님: 신임보스의 사회학』의 편집자인 카우베(J. Kaube)가 말하듯이, 『조직의 기능과 파생 문제들』은 그 어떤 조직사회학 저술보다 풍성한 내용을 담고 있다. 이 책은 또한 그로부터 20년 후 루만이 57세가 되던 해에, 30년 사회이론 프로젝트의 공식적 첫 출간으로 펴낸 개념 편람인 『사회적 체계들 — 일반이론의 개요』(1984)와 함께 루만 이론의 양대 산맥으로 손꼽힌다.

행정과 조직은 단순히 "관료주의"라는 말로 폄하될 일은 아니다. 사회 현실은 그렇게 단순하지 않다. 조직과 행정은 전통사회와는 근본적으로 구별되는 근대사회를 생성시킨 기본 동력일 뿐만 아니라 필수적인 구성성분이다. 우리는 관료주의를 부정적인 측면과 긍정적인 측면 모두에서 균형 있게 조명할 수 있어야 한다. 우리는 그렇게 할 수 있을 때에야 비로소 조직과 행정의 긍정적인 측면은 강화하고 부정적인 측면은 보강하여 성과를 더욱 향상시키는 방안을 모색할 수 있을 것이다. 깊은 통찰을 함축적으로 담고 있는 이 작은 책은 바로 그러한 방안을 모색하는 발상을 자극한다.

처음 만남에서는 관계 맺음을 모색하던 상사와 부하 직원들이 곧 "벌거숭이 임금님"과 임금님의 "패션"을 칭찬하는 신하의 역할로 전환하게 되는 것은 모든 관료 행정에서 보편적인 현상이다. 그런 행동을 통해 소통을 이어가는 것은 결코 우스꽝스러운 것도 아니고 비도덕적인 일도 아니다. 타인의 행동을 통제하여 상황을 예상 가능한 수준으로 유지하겠다는 인간 보편의 욕구들이 소통과 격식으로 인해 억제되면, 언제나 은밀한 경로로 해법이 모색되며, 그 결과 벌거숭이 임금님과 신하들 사이의 소통이 가능해지기 때문이다. 우리는 이 관계를 깨닫는 순간에야 비로소, 문제의 근본적인 해법의 고민에 착수할 수 있다.

루만의 초기 텍스트들은 독일어의 고유한 특징들을 그대로 드러내고 있어서, 역자는 여러 단계의 변환 작업을 거친 다음에야 읽을 만한 원고가 될 수 있었다. 그 과정에서 이론출판 현숙열 대표, 과학기술대학교 김 미정 선생, 한국사회체계이론학회 총무이사 임진수 선생이 요긴한 도움을 주었다. 그 분들의 노고에 진심으로 감사한다.

2017년 10월 30일
이 철

## 일러두기

- 번역 원본으로는 *Der neue Boss*, Berlin, Suhrkamp, 2016을 사용하였다.
- 원문에서 이탤릭체로 강조된 부분은 이 책에서는 진한 활자로 강조했다.
- a.a.O.는 위의 책이나 위의 글을 뜻한다.
- 역자 주는 텍스트 내에서 괄호 안에 기록하였다.
- 그 밖에 옮긴이가 덧붙인 말은 [ ] 안에 넣었다.

# 신임 보스

 관료 행정은 원칙적으로 비정의(非情意)적인 작업 방식을 요구한다. 관료 행정은 또한 기대 안정성을 보장하는 행동 규정을 확보하여, 일반적인 행정업무를 처리하는 방식의 전제조건을 만들어낸다. 또한 공무원들의 공직 일상은 규정에 따른 통제를 받는다. 그래서 공무원들은 공직 생활에서 감정을 안정된 상태로 유지할 수 있다.

 그러나 관청, 부서, 집단에서 새 보스를 맞아들이게 되면 더 이상 이런 기대를 할 수 없게 되며, 이런 상황은 때가 되면 불가피하게 일어난다. 상사 교체는 행정의 일상 가운데 몇 안 되는 긴장된 사건들 가운데 하나이다. 선거 결과가 확정되고 새 정부가 구성될 때, 정부 부서 복도에는 긴장감이 감돈다. 무슨 일이 일어날지를 아무도 제대로 알지 못하고, 일이 손에 잡히지 않는다. 그리고 한 순간 소문이 퍼지면서 잠시 안정감을 느끼기도 한다. 부서의 장이 사퇴하면, 영향의 파장은 적지만 특수한 관심들이 생겨난다. 누가 후임이 될 것인지에 쏠리는 관심은 말단 조직원에 이르기까지 대화의 단골 메뉴가 된다. 다른 사람들보다 더 많이 알고 있다고 생각하는 사람은 결정적인 순간에 자기가 아는 것을 말하면 사람들이 동의할 것이라고 확신할 수 있고, 자신의 특권을 확인하기도 한다. 하지만 이러한 불확실한 상태는 새로운 보스가 임명되었다고 해서 곧바로 제거되지 않는다. 왜 그 사람이 임명되었는지 그리고 어떤 배경에서 그 결정이 이루어졌는지의 질문은 그 후 오랫동안 주변의 관심거리로 남는다. 이 문제를 차치하더라도, 신임 보스와 처음 안면을 트는 문제를 해결해야 한다. 사람들은 대개 첫 인상이 중요하다고 생각하며, 사회심리학은 그 말의 타당성을 입증하는 것처럼 보인다.[1] 존경의 마음과 열린 마음을 절충하는 것, 겸손하면서도 확고하게 안정적인 경험을 갖추는 것, 적절한 내용들을 제안하면서도 겸양을 유지하며 중용을 취하는 것이 중요하다. 아랫 사람들도 신임 보스를 학습시킬 필요가 있다면, 일찌감치 보스와의 첫 대면에서부터 만족스런 결과를 끌어 내어서 신뢰의 토대를 쌓는 데에 힘써야 한다. 이 상황은 그들에게 까다로운 문제가 된다.

보스 역시 새 출발이 갖는 비슷한 어려움들을 겪는다. 보스는 역할을 수행할 때 불확실성을 느낄 계기를 거의 만나지 못한다는 점에서 어려움을 갖는다. 개인적인 면식조차 없는 많은 부하직원들이 보스에게 몰려들지만, 보스는 그들이 무슨 생각을 하는지 단지 짐작만 할 뿐 알아낼 수는 없다. 그밖에도 주변에서 보스만 쳐다보는 상황, 확고한 기대를 형성하는 단초로 삼을 만한 암시를 얻으려는 주변의 관심으로 인해, [혹시 일어날 수 있는 보스의] 첫 실수가 이후

---

[1] 예를 들어 Erving Goffman, *The Presentation of Self in Everyday Life*, Edinburgh, 2nd. Ed., 1958, 4쪽이하; Ralph M. Stogdill, *Individual Behavior and Group Achievement*, New York 1959, 96-97 을 참조할 것.

관계에 미치는 비중이 커진다는 점도 어려운 점으로 추가된다.

아마 상사도 부하 직원도 이 상황에서 학술 연구로부터 조언을 받을 생각을 하지 못할 것이다. 그들이 알고 있는 연구들은 그런 질문들을 반기지 않는다. 법학과 조직학에서는 특이하게도 보스 교체를 문제시하지 않는다. 법학은 보스 교체를 몇 가지 정해진 법적 결과들을 초래하는 담당처의 결정으로 볼 뿐이다. 하지만 이런 인식은 틀림없이 그렇게 세련되지 못했고 완전하지도 않다. 그리고 지금까지의 조직학은 인력을 교체할 경우, 심지어 인력 교체를 빈번하게 단행할 경우에도 선발의 문제들과 연수 비용만 생각할 뿐이다. 조직학은 다른 사람들의 역할에 대해 비인격적이며 일반화된 생각을 수립한 것으로 행동의 토대가 충분하다는 데서 출발하기 때문에, 인력 교체가 초래하는 감정적인 문제들과 소급 효과들 및 직원들의 적응의 어려움들을 대수롭게 여기지 않는다.[2] 그것은 막스 베버의 관료제 모델에서 그런 문제들에 주목하지 않는

---

2) 예를 들어 Harvey Leibenstein, *Economic Theory and Organizational Analysis*, New York 1960, 201을 참조할 것.

이유이기도 하다.

하지만 이러한 일반화된 생각이 계속 유지될 수 있는지, 그리고 있을 수 있는 법적 분쟁에서 무엇이 올바른 결정이었는지를 곰곰이 따져 보면서 행정 행위가 충분했는지를 질문하여야 할 것이다. 행정 현실에서의 구체적인 행동과의 연관성을 유지하려는 행정학이라면 그런 질문들을 지나칠 수 없을 것이다. 신임 보스의 문제는 구조에 의해 결정되는 유형에 속하며 늘 반복된다. 그것은 보편적인 의미를 획득할 자격을 가진 소수의 조직 문제들 가운데 하나이다.[3] 행정학의 개념 틀이 그런 문제를 파악하고 정의할 수 없다면, 행정학은 그 개념 틀을 확장하여야 할 것이다.

# I.

모든 사회(social)질서는 그 자체의 안정성을 문제

---

[3] 그 점을 강조하는 문헌으로 Oskar Grusky, "Administrative Succession in Formal Organizations", *Social Forces 39* (1960), 105-115(105-106)을 참조할 것.

있는 것으로 보고 어떤 성과들에 근거하여 안정성을 구축하고 유지할 수 있는지를 질문할 때에야 기능적으로 분석될 수 있다. 안정성은 다른 사람의 행동이 예측 가능할 때에야 비로소 도달 가능하다. 즉 안정성은 믿을 만한 상호 행동기대들이 완전하게 충족될 때에야 실현될 수 있다. 그밖에도 이 행동 기대들이 여러 관점에서 일반화되어 있다는 사실이 안정성의 조건에 속한다. 일반화되어 있다는 것은 다음을 뜻한다. 행동기대들은 상이한 실행 가능성들을 가진 복합적인 유형들로 결합되어 있어야 하고, 반복하여 나타날 수 있어야 한다. 행동기대들은 합의를 발견하고 규범적인 의미를 유지하고, 그럼으로써 개별 사례에서 충족되지 않더라도 계속 유지될 수 있어야 한다. 그러한 일반화된 행동기대들을 오늘날에는 역할이라고 표현한다.

사회질서는, 서로를 전제하며 보완적으로 보충하며 서로 배제하거나, 많건 적건 어려운 조건에서 조합 가능한 수많은 상이한 역할들로 구성된다. 역할 연관, 역할 분리, 역할 갈등의 형식들은 인간 공동 생활의 핵심적인 질서 주제들에 속한다. 여기서 구조적인 기본 결정들의 근거가 되는 관점들은, 역할 교체에서 나타나는 문제들을 특정한 사회질서에서 분화시키는 동시에 정의한다. 이런 의미에서 보스 교체에서 생겨나는 어려움 또한 조직된 업무 맥락의 구조에 달려있다.

비교적 구조화되지 않은 원시적인 사회질서들은 개별 개인들에 맡겨진, 사회적으로 규정되었고 익숙해진 역할 조합들에 상당히 의존한다. 가족의 가장은 생산의 지휘자, 전쟁 사령관, 리더 춤꾼, 부족 원로의 일원 등 그 밖의 많은 역할을 동시에 갖는다. 그의 후계자는 이 모든 역할을 넘겨받는다. 그런 질서 하에서는 사회적 역할 구조는 변경되지 않으면서 개인들만 교체될 뿐이다.[4] 역할들의 연결은 그 다음에 세부적인 내용으로 구축되고, 세대를 통해 의심할 여지없이 전승된다. 우리는 역할 조합이 한 개인의 동일성(Einheit)에 맞추어져 있다는 점으로 인해, 그 때의 사회질서에서 알아낼 수 있는 생활사들이 놀랄 만큼 동질적이고 비슷하다는 점을 발견할 수 있다.

---

4) 여기에 대해서는 Meyer Fortes, "The Structure of Unilinieal Descent Groups", *American Anthropologist 55* (1953), 17-41(36)과 이 생각을 계속 완성시킨 연구로서 Siegfried F. Nadel, *The Theory of Social Structure*, Glencoe (IL.) 1957, 68-69를 참조할 것.

하지만 그러한 체계들은 낮은 수준의 분화를 넘어서지 못한다. 상이한 역할들을 위한 수용할 수 있는 개인들의 능력은 제한적이다. 사회의 발전을 따라 역할들이 특수해지고 그럼으로써 분화의 규모가 커지자마자, 개인적인 역할 조합들은 갈수록 사안에 관련된 역할 연관들로 대체되어야 한다. 그래서 어떤 역할들이 한 개인에게서 결집되는지는 갈수록 우발에 내맡겨지게 된다. 이러한 사안적인 역할 조합들은 역할의 분리 가능성이 높을 때 ─ 집, 노동, 정치, 휴양이 분리될 때에만 ─ 실행될 수 있다. 이 역할들은 개인들의 이동성을 필요로 하며, 많건 적건 모든 개인에게서 우발적인 역할 축적을 갖는 상이한 경력들을 만들어낸다. 대기업 대표는 기혼이거나 미혼일 수 있으며, 사교춤을 출 수 있거나 아니거나, 교회 신자이거나, 취미 사냥꾼일 수 있다. 그런 역할들이 한 개인에게서 결집된다는 점과 관련해서는 어떤 사회적인 규칙들도 없고, 역할 갈등들에 대비해 사회적으로 수용된 해법들도 더 이상 없다. 그래서 역할의 후임자들은 모든 경우에 새로운 역할 조합들을 가지고 들어오며, 그 때문에 새로운 문제들을 가지고 들어온다. 그래서 역할 분리 가능성이 높은 모든 분화된 체계에서는 역할 교체가 구조적 전환과 연결되어 있다. 새로운 사람들에 익숙해지는 것만으로는 문제가 근본적으로 해결되지 않는다. 보스가 교체되는 모든 경우에, 개인들을 통해 중개되는 사회적 연관들이 통째 교체되기 때문이다.

공식 조직에서는 이런 전환을 어렵게 하는 다른 요인들이 추가된다. 특수한 목적을 꾸준하게 추구하는 모든 조직들은 공식적으로 정당한 직무상의 기대 체계를 형성한다. 구체적으로 말해 직위들의 업무 관할, 특정한 소통 경로들과 결정들을 위한 어느 정도의 사용 가능성 조건들을 고정하는 이러한 기대들은 가령 행정 내에서의 일상적인 생활과 행위를 기술하지 않는다. 그 기대들은 [기대들에 대한] 지향의 일정한 기본 구조만을 보여줄 뿐이다. 그 기대들은 확대 해석되었고, 언어와 문자를 통해서만 표현될 수 있으며, 명시적인 주장들과 정당화 등을 위한 기준 점들을 형성한다. 그러한 기대들의 타당성을 수용하는 것은 조직 내 구성원 자격의 조건이 된다. 기대들의 타당성 수용이 구성원 자격의 조건이 됨으로써, 기대들은 중요해지고 보편적으로 가시화될 수 있다. 모든 사람은 이러한 공식적 기대들이 조직의 다른 구성원들과의 접촉에서 공유된다고 전제할 수 있다. 그 기대들은 "의미론의 튼튼한 지탱처"로서 기여한다.[5] 우리가 그러한 기대들에 호소하면 비난의 대상이 되지 않는다. 그래서 그러한 기대들은 특별한 방식으로 공적인 것이 되거나 기록을 위해 중요해진다.

바로 이런 이유에서 공식적으로 규제된 언어 사용이 특수한 전략적 장점들과 규정된 특징짓기의 근거가 된다. 상황은 공적인 것으로 간주되고, 상대는 "생각할 수 있는 모든 유형의 사람"으로서 또는 잠재적 반대자로서 비인격적으로 다루어진다. 그 과정에서 친밀성은 완전하게 배제된다. 우리는 공식적인 주장, 즉 아무도 인정하려 하지 않기 때문에 반박할 수 없을 정도로 안정적인 주장에 힘입어 상황들을 냉각시키고, 원치 않는데도 친한 체 하는 태도를 약화시키고, 반대자들과 모르는 사람들과도 스스럼 없이 접촉하고, 빈틈을 보이지 않으면서 잠재적인 적대를 표현해낼 수

---

5) Melville Dalton, *Men Who Manage*, New York/London 1959, 234쪽.

있다. 또한 "친구들 사이에서"만 공유할 수 있는 일들을 이 방식을 통해 공식적으로 은폐할 수 있다.

우리는 이 분석으로부터 두 가지를 배울 수 있다. 첫째, 공식 기대들과 역할 정의들이 조직의 전체 체계 내에서 특수한 기능을 가지며 그 자체로는 현실을 완전하게 재연해내지 않는다는 것이 분명해진다. 조직은 공식 기대들만 의존하는 것만으로는 유지될 수 없다. 둘째, 공식 기대들은 정당화에 대한 독점권을 요청하고, 그럼으로써 그 기대에 포괄되지 못하는 모든 기대들을 표현하지 못하는 어려움이 나타나게 된다. 공식 기대들은 일관된 목적 행위의 조화로운 체계를 보여주며, 그 기대에 어울리지 않는 것은 숨겨져야 하거나, 긴밀한 신뢰 관계의 제한된 공공성으로 물러서야 한다.

그래서 모든 조직에서는 공식 질서 하에서 비공식 질서가 발전한다. 그 질서는 고유한 역할들, 개인적으로 형성된 보다 인격적인 기대들, 사용할 만한 일탈들을 모임에서 정당화하고, 권력의 핵을 형성하고, 구성원들을 모든 종류의 파벌 싸움에서 지원하는 소집단들과 파벌들과 함께 발전한다. 그러한 비공식 질서는 전형적으로 목적 지향적인 특수성을 나타내지 않고 사람에 따라 인적 지향을 한다. 그 질서는 공식 조직이 채워주지 않거나 일방성을 통해 만들어지는 욕구들로 결정화(結晶化)된다.

그런 과정을 통해 비공식 질서의 "주제"가 광범위하게 사전 확정되면, 비공식 영역에서는 공식 조직과 분명히 관련되지 않은 독자적인 규범들과 제도들이 형성된다. 그 제도들과 규범들은 조직에 피해를 끼치기도 하지만, 혜택을 주기도 한다. 이러한 통찰들은 지난 20년간 사회학적이며 사회심리학적인 조직 연구에서 확인되었다.

공식 질서와 비공식 질서의 상대적인 독립성은 그 둘이 완전히 분리되어 있으며 그 둘 사이에 인과적 상호작용들이 없다는 것을 뜻하지 않는다. 두 질서들의 상호 독립성이란, 그 둘이 서로로부터 비교적 독립적으로 변이될 수 있다는 것을 뜻할 뿐이다. 그 질서들의 변화 양식은 서로 구별된다. 비공식적 기대들은 경험들과 실망들, 다른 사람들의 기대나 모순에 이끌려서, 지속적으로, 천천히, 감지되지 않는 가운데 변화된다. 비공식적 기대들의 내용, 확실성, 규범 강도,

인지된 합의는 유예될 수 있다. 비공식적 기대들의 역사, 토대, 다른 기대들과의 연관은 다양한 해석에서 달라진다. 반면 공식적 기대들은 분명하게 구별된 정체성들(Identitäten)에 묶여 있다. 공식적 기대들은 타당하든지 아니든지 둘 가운데 하나이다. 그래서 공식 조직들은 항상 환경과 조화로운 관계를 유지하는 것은 아니다. 공식 조직들은 환경에서 발생한 변화들에 즉각적으로 반응하기보다 시간이 지난 후에야 새로운 결정을 통해 반응한다. 공식 조직은 환경의 변화에 소급적으로 자신을 맞추어 나간다.

이러한 변화 양식의 차이들은 필연적으로 차이들과 모순들을 낳는다.[6] 비공식 조직은 신임 보스에게 당장 적절하게 반응하지 못하고, 그렇기 때문에 처음에는 감정적으로 반응한다. 비공식 조직은 확실성과 합의를 적절하게 기대될 수 있는 것으로 발견하려면 시간을 필요로 한다.

즉 공식 직위에 임명되었다는 것은 선임자의 비공식

---

6) Fritz J. Roethlisberger/William J. Dickson, *Management and the Worker*, Cambridge (MA) 1939, 567은 벌써, 공식적 변경에 대한 비공식 질서의 저항의 원인이 그곳에 있다고 보았다. 그 후 이 주제는 많이 상론되었다.

기능들까지 계승되었음을 뜻하지는 않는다. 보스의 그러한 비공식 기능들은 대개 많건 적건 잠재적으로 행사되고, 후임자는 그 기능들에 관해 전혀 알 수 없다. 비공식 기능들은 예를 들어 보스가 자기가 속한 조직의 여러 파벌들을 계속 중개해나가고 공개적인 파벌 싸움을 저지하는 점과 관련되어 있을 수도 있다. 파벌 싸움들은 보스가 자기 조직 내의 소집단에 참여하여 그 집단의 비밀 정보들을 통해 조직을 장악한다는 데에 근거한다. 또는 조직 내부나 외부에 펼쳐진 보스의 인맥이 조직을 방어하는 데에 도움이 되었을 수도 있다. 또한 특별히 관대하고 비(非)개입적인 지도 방식을 통해 비공식 질서의 기대들을 충족시켰을 수도 있다.

그런 모든 경우에 — 그리고 우리 분석은 그 점을 지향한다 — 비공식 질서는 공식적 기능과 비공식적 기능의 배분이 계속 일치할 것이라고 예상할 수 없다. 공식 업무 연관과 비공식 업무 연관을 전체적으로 감당해낼 수 있는 후임은 사전에 규정되어 있지 않다. 비공식 조직은 그렇게 할 수 있는 표현 수단을 가지고 있지 않기 때문에, 후임 보스는 정당한 기대를 표현조차 할 수 없다. 그래서 제도적인 화해가 없다는 이유로 불확실성의 시기가 생겨난다. 이러한 과도기적인 시기는 비공식 질서가 교체될 때에 비로소 끝난다. 그런 과도기는 선임 보스가 자신의 비공식 기능을 물려주고 신임 보스가 다른 기능들을 가지고 자기 자리를 차지할 때에야 종료된다.

이 문제는 앞서 언급된, 언어의 어려움과 소통의 어려움으로 인해 추가 부담을 얻는다. 우리는 모르는 사람들, 특히 모르는 상사에게는 공식적으로 정당한 상황정의들과 기대들 이외의 어떤 것을 보여줄 수 없다. 공식적인 것 이외의 다른 모든 것은 어울리지 않을 것이며, 양식 상 오류가 될 것이며, 경우에 따라서는 결재 반려를 초래해 부하직원들에게 상당한 수치심을 유발할지도 모른다. 이렇게 표현이 주저된다는 점은 한편으로 공식 조직을 보호하는 기능을 가진다. 조직의 이념적 서술의 폐쇄성이 위험에 처하지 않고 보전될 수 있다. 또한 거기에도 유의미한 역할 분리 기제들이 있다. 즉 보스를 부추겨 업무 외적인 일에 관한 정보들을 내어 놓으라고 할 수도 없고, 자기만 알던 업무 외적 정보들을 보스에게 제출할 것을 강요받아서도 안 될 일이다.

 그러므로 서로 알아감이라는 통상적인 사교 수단과 형식들은 그런 식으로 위축된다. 물론 인간들은 비교적 자주, 특별하게 정의된 역할을 수행하는 가운데 서로 알아간다. 예를 들어 여행 동행자로서, 낚시꾼으로서, 극장 방문객으로서, 초대된 손님들로서 서로 친해진다. 그러나 이런 역할들은 ― 전문 역할들과는 달리 ― 인간 관계의 확장을 금기시하지 않는다. 사람들은 조심스레 비밀을 털어 놓는 과정에서 서로를 알아간다. 참여자들은 서로 간의 신분을 고정하고 이 관계를 발판으로 하여 합의에 이를 수 있고, 자기 서술과 상황 정의 형식들을 발견해 나가는 과정에서 서로를 알아간다. 모두는 대화에서 일치에 이를 것으로 전망할 수 있을 때까지 기준을 낮추며, 대화에서 상대가 비밀이거나 위험한 지점을 건드릴 때면 재치 있게 경고한다. 그렇게 될 수 있으려면 서로 알게 되었을 때의 초기 역할에 머물러 있어서는 안 되고, 파트너의 다른 역할을 탐구해나가야 한다. 우리는 지금 대화를 나누는 상대가 난민은 아닌지, 참전 용사인지, 두 아이의 아버지인지, 교회의 사무장인지, 조그마한 정원을 가꾸는 취미가 있는지, 그밖에 조직 내의 어떤 사람들과 동맹 관계에 있는지를 반드시 알아두어야 한다. 그리고 그가 이 역할을 인지한다는 것 뿐만 아니라 그 역할을 어떻게 생각하는지에 대해서도 들어두어야 한다.

요약하자면, 공식적 조직들, 특히 비교적 크고 분화된 체계들이 비공식 질서들과 공식 질서들의 구조로 인해, 지도자 역할을 다른 사람으로 교체하는 일을 문제 있는 것으로 경험한다는 사실을 확인할 수 있다. 공식 조직들은 기능적으로 필수적인 기대들의 일부분만을 정당화할 수 있고, 그래서 후임을 부분적으로만 규제할 수 있다. 변화는 갑자기 일어나고 비공식적 기능들로 인해 두 종류의 기능들의 새로운 분배는 가변적인 상태가 된다. 이때 사전에 구축된 소통의 장벽들은 이러한 가변적인 상태에서 생겨나는 긴장들의 조정과 서로 알아가는 과정을 지연하고 방해한다.

## II.

 보통 일상생활에서는 어려움, 문제, 긴장, 실망을 참여 개인들의 속성들과 행동 방식에 소급시켜 설명하는 경향이 있다. 즉 어떤 누군가가 야심차거나 자기중독성이 있거나 게으르거나 자만심이 강하기 때문에 잘못이라는 식으로 생각해버린다. 그렇지 않으면 그 사람은 규정된 기대를 만족시키지 못하기 때문에 무능력하다는 소리를 듣는다. 일상생활에서는 대부분 그런 설명들만으로 충분한다.

 하지만 개별 행동들은 그 행동이 실행되는 체계 조건에 대한 반응일 뿐이다. 그것들은 특정한 사회(social)질서 유형의 결과로서 생겨나는 어려움을 감당해내려는 시도이다. 이미 마르크스에게서 아주 분명하게 나타나는 것처럼, 사회과학적 관심은 이렇게 행위를 유발시키는 체계 조건들을 밝혀내어야 하고 그렇게 함으로써 새로운 관점들과 다른 설명 가능성들을 모색한다.

 그러나 분업을 통해 고도로 분화된 사회질서를 선택하면 특정한 파생 문제들을 피해갈 수 없다. 구조적인 기본 결정들이 그런 불리한 결과들을 만들어낼 때에는, 그 결과들은 단순하게 조정될 수 없다. 달리 말해 그 결과들을 해결하기 쉬운 대답은 없다. 그런 해결책이 가능하다면, 그 해결책은 역할 구조 안에 구축될 수 있을 것이며 더 이상 어려움은 생겨나지 않을 것이다. 하지만 참여 개인들의 개별적인 본질에 의존하지 않는 체계 결과들이, 최소한 특정한 유형을 띠며 반복될 것이라고 예상할 수 있다. 그래서 그 유형성에 대해서는, 그것을 유형성으로서 연구함으로써 긴장들을 첨예화하거나 줄여주는 상황 측면들을 분명하게 보여줄 수 있을 것이다.

보스 교체에 관련해서 완전하게 기술했다거나 체계적으로 정돈했다고 주장할 수는 없지만, 다음 네 가지 변수를 열거할 수 있다.[7]

1. 비공식 규범과 가치 표상에 따른 교체의 정당성
2. 지위와 교체의 관료적 규제
3. 보스의 임명 경로: 조직으로부터의 차출 임명 또는

---

[7] Grusky, "Administrative Succession", a.a.O (각주 3)에서 비슷한 목록이 수립되어 있다.

외부로부터의 임명
4. 전임자의 개성

## 1. 비공식 규범과 가치 표상에 따른 교체의 정당성

 일반적으로는 직위 교체가 공식적 정당성이 있다고 전제할 수 있다. 하지만 부하직원들은 그 정도에 그치지 않고 교체를 정당화하는 이유들에 관해 자기들 나름대로 생각한다.[8] 이런 생각으로부터 매우 섬세한 뉘앙스들과 구별들이 만들어진다. 그래서 직위 상실에 관련된 척도들은 직위 획득에 대해서는 타당하지 않다. 해고, 다른 근무지로의 전근, 같은 지역의 다른 관청으로의 전근, 같은 관청 내의 다른 부서들로의 전보, 과제들과 관할권들의 변화들에 대해서는 상이한 기준들에 따라 판단이 이루어진다. 예컨대 공공 관청에서는 현실적이거나 추정된 정치적인 영향력이 문제가 된다. 물론 정부 부서 직위들의 정치적인 임명은 수용되며, 하위 서열에서는 최소한의 가시적인 전문

---

[8] 교체가 정당하게 인정되지 않았고 결국 항의를 낳았던 사례에 대해서 Alvin W. Goulder, *Wildcat Strike*, Yellow Springs (OH), 1954, 특히 79-80, 158쪽을 참조할 것.

자질들은 갖추어야 하며, 그 자질에 대해서는 처음에는 특별히 첨예한 통제가 이루어진다. 정치적 이유에서 공무원을 전보하면 비난을 받지만, 통상적인 업무가 아닌 다른 과제를 맡기는 것은 반드시 비난받을 일은 아니다.

이러한 관계들을 세부적으로 고려할 수 있는 충분히 경험적인 조사들은 미국 문헌에서도 발견할 수 없다. 하지만 우리는 일반적인 차원에서, 교체 승인이나 비난이 후임 인물(Person)에까지 이전될 수는 없다는 말을 할 수 있다. 또한 후임자는 직책을 수용하면서 새로운 환경으로부터의 기대를 실망시킨다면, 자신에게 되돌아올 불신을 예상해야 한다.

이러한 불신에는 실제적인 토대가 있다. 전임 교체 이유들은 종종 후임자들이 업무에서 어떤 측면을 지향할 것인지, 현장에서 주어지는 기대들에 대한 후임자의 민감성을 제한하거나, 경우에 따라 후임에 대해 비판적인 태도를 취할 것인지를 생각하게 한다. 그러한 경향은 인사 결정이 특별히 지금까지의 직책 수행에 대한 비판이나 변화 기대에서 비롯되었을 때에 현실적으로 나타난다. 또는 그 경향은 후임자가 직책

임명을 어떤 사람의 덕택으로 돌리고 그의 기대를 충족시키려 할 때에도 마찬가지로 나타난다. 이 모든 것으로 인해 그 과정에서 임명된 후임은 부임지(赴任地) 관행들에 맞서는 의심 많은 인물로 생각되며, 그래서 저항을 유발할 수 있을 것이다.

## 2. 지위와 교체의 관료적 규제

일반적인 의미에서의 관료제적 규제들은 직원 교체에서 생겨나는 긴장들을 줄여준다. 반면 사기업들은 후임 문제들을 결정하기를 가장 어려워한다. 그곳에서는 보스 직위들은 보스 개인의 성향에 맞추어 조직되어 있고, 경험들, 지식들, 숙련들의 특수한 조합에 기초하고, 관계들이 작기에 공식화될 수도 없고, 추상적인 주도 생각들로 옮겨질 수도 없다. 그래서 그런 사기업은 보스 교체를 통해 위험에 처하기도 한다.[9]

반면 국가 행정 같은 완전하게 구축된 관료제에서는 보스 직위까지 포함한 모든 직책이 교체 가능한 조건

---

9) 여기에 대해 C. Roland Christensen, *Management Succession in Small and Growing Enterprises*, Boston 1953과 Donald B. Trow, "Executive Succession in Small Companies", *Administrative Science Quarterly 6* (1961) 228-239를 볼 것.

으로 채워진다. 그래서 교체가 가능하다는 점은 관료제와 관련된 모든 관계들의 토대가 된다. 공적 업무와 개인들의 업무 처리 성향 사이에 조율된 균형은 그 자체로 임시적인 성격을 가지고 있으며, 임시적인 것으로서 체험되고 제도화된다. 그래서 교체는 결코 예상할 수 없는 범위에서 결정되지 않는다. 적어도 누구나 그런 어떤 것을 이미 체험했고, 그런 체험을 위해 구상된 반응 경로들을 준비해 두고 있다. 관료적 규제가 증가하면, 교체 계기와 형식 및 교체의 결과를 분명하게 예견할 수 있다. 어쨌든 후임자의 지위 지속성, 그의 과제와 능력 및 공식 소통망에서의 그의 위치는 알려져 있다. 그 때문에 몇 가지 진단이 가능하다. 그밖에도 행동의 공식적 규제는 비공식적 질서가 지닌 많은 기능들을 위축시키며, 최악의 경우에는 조직 업무에 무관심하고 단순히 개인적 욕구들에 관해서만 정보를 교환할 수 있는 순수한 잡담 모임이나 기분전환 모임으로 비공식 질서의 기능을 축소시킨다. 그렇게 되면 보스 또한 그런 집단들과 문제를 갖지 않는다. 그루스키[10]와 굴드너[11] 또한 언급한 바 있는 이 방향에는 성공 가능성이 높은 긴장 해소의 해법들이 있을 것이다. 하지만 그런 가능성들은 공식적인 관료제들의 알려진 단점들로 인해 실현 가능성이 그리 높지 않다.

### 3. 보스의 임명 경로: 조직으로부터의 차출 임명 또는 외부로부터의 임명

교체의 정당성과 관료제화로 인해 쟁점화되는 이슈에서는 신임 보스가 조직 자체에서 임명될 수도 있고 외부로부터 투입될 수도 있다는 다른 관점이 겹쳐져 있다. 자체 임명과 외부 인사 임명의 두 가지 해결책들은 각각 장점과 단점이 있다.[12] 관청의 장(長)

---

10) Grusky, "Administrative Succession", a.a.O. (각주 3), 107, 114-115.

11) Goulder, Wildcat Strike, a.a.O. (각주 8), 119이하, 176 이하; Goulder, *Patterns of Industrial Bureaucracy*, Glencoe (IL) 1954, 157 이하.

12) Grusky, "Administrative Succession", a.a.O. (각주 3), 108-109을 볼 것. 그 두 변수들의 설명은 Richard O. Carlson, "Succession and Performance among School Superintendents", *Ad-*

을 관청 자체에서 취하지 않는 옛 프로이센의 관행은 충분한 이유가 있다. 하지만 그렇다고 해서 외부에서 보스를 임명하는 프로이센의 관행이 갖는 단점들을 간과해서도 안 되고, 내부 후보를 고려하는 방안의 이유와 장점을 보지 못하는 경우도 피해야 할 것이다.

일단은, 외부에서 오는 사람은 이방인 [자격으로 자기] 역할을 시작해야 한다. 그는 짐멜(Simmel)이 기술한[13], 낯선 사람의 일반적인 역할 특징들을 가지고 있다. 그는 자신이 우두머리로 취임하는 집단의 사회통제를 받지 않은 가운데 형성된 생각들과 기대들을 가지고 [조직 생활에] 들어온다. 그의 지향은 비교적 자유롭고 객관적이며 추상적이다. 또한 고유한 사전 결정들로 인해 비교적 자유분방하다. 그는 전체 상황을 새로운 것으로 받아들인다. 전체 상황은 그에게 구조화되지 않은 어떤 것이다. 이제 그는 이 조직에 새로운 우두머리로 나타났지만, 이 조직은 그의 등장을 개별 요인 하나가 교체된 정도로만 받아

---

*ministrative Science Quarterly* 6 (1961), 210-227을 참조할 것.

13) Georg Simmel, *Soziologie*, München/Leipzig, 3rd. 1923, 509 이하.

들일 뿐이다. 그로 인해 혁신이 전형적으로 어떤 것인지에 대해 상이한 생각들이 만들어지며, 그 생각들은 그 자체로 갈등의 원인을 담고 있다. 그밖에도 신임 보스는 모든 혁신이 자신의 개인적인 성과로서 기록될 것이라고 생각할 수 있다.[14] 조직된 업무 연관에서 업적이 누구에게 있는지는 보스의 성과로 기록하는 방법이 현실적으로 거의 유일한 결론이다. 보스는 이 모든 이유들 때문에 변화들을 선호할 것이다. 어쨌든 보스가 새 출발을 할 때에는 부임 관청에서 통용되는 관행들을 선입견 없이 대해야 하며, 그런 관행들을 지나치게 존중하는 태도를 취할 필요도 없다. 사람들은 보스가 그렇게 생각할 것이라고 기대하며, 보스 주변에서는 보스의 예방조치에도 불구하고 보스에 대해 회의적이며 유보적인 입장을 유지할 것이다. 보스 주변은 [보스에 대해] 방어 태세를 유지한다.

보스와 보스를 맞는 관청에서는 낯설고 대립 상태가 될 수 있다는 우려로 인해, 공식적으로 규정된 것과

---

14) Georg Simmel, *Soziologie*, 3rd. Ed. München/Leipzig 1923, 509이하.

업무상 필수적인 것, 그리고 어쩌면 새로운 것으로부터 이끌어낼 수 있는 이득을 얻겠다는 목적에서만 쌍방 접촉을 시도할 것이다. 그래서 이 시기에는 그렇게 대단한 내용의 소통들이 이루어지지는 않는다. 보스는 대개 비공식적인 지휘에 필요한 정보들을 얻어내지 못한다. 그는 자신이 이미 알고 있을 것이라고 부하직원들이 추정할 수 있는 것이나, 업무 진행에서 반드시 자신을 거쳐야 하는 사안에 관해서만 들을 뿐, 자신이 무슨 일을 할 것인지에 관한 부하들의 기대와 부하들에게서 자신이 무엇을 기대할 수 있는지에 관해서는 정보를 얻지 못한다.[15]

신뢰를 전제하는 보고들이 이렇게 억제된 결과, 기대 불확실성을 뚜렷하게 전제하여 양 편을 분리하여 사고하는 경향이 나타난다. 미국에서는 아이젠하워

---

15) 보스 교체 시 비공식 소통 체계의 그러한 연관은 종종 관찰되었다. Roethlisberger/Dickson, *Management and the Worker*, a.a.O. (각주 6), 453; Grusky, "Administrative Succession", a.a.O. (각주 3), 108; Goulder, "Patterns", a.a.O (각주 11), 84-85, Wildcat Strike, a.a.O (각주 8), 136-137, 157; Herman M. Somers, "The Federal Bureaucracy and the Change of Administration", *The American Political Science Review 48* (1954), 131-151 (145, 147-148)를 참조할 것.

행정부가 들어선 후, 신임 보스가 "적대적인 토박이 컴플렉스(hostile native complex)"[16]를 가졌다는 말이 있었다. 새롭게 보스 직을 맡은 사람은 자신의 공식적인 능력들을 강조하고 구축함으로써 지배할 가능성, 일반적인 규칙들과 주어진 규정들이 실행되는지에 주목할 가능성, 제재를 통해 저항에 대처할 가능성 밖에 가지고 있지 않다. 그는 주요 직책들을 전보 발령하거나 신설함으로써, 자신이 신뢰할 만하고 조직 장악에 도움이 되는 환경을 만들어낼 수 있다.

신임 보스가 조직 내부 출신이면 상황이 달라지며, 장점들과 단점들이 다른 식으로 분산되기에 이른다. 일단 보스가 역할을 시작하는 데에 어떤 지장이 있는 것은 아니지만, 그는 영입된 보스와는 다른 역할을 시작한다. 내부에서 보스 직에 승진 임명된 사람은 이미 개별화된 기대망에 연관되어 있다. 그는 이미 그 조직에 "사회화되어" 있으며, 이미 [조직 내에서] 개인적인 면식이 있다. 그리고 보스는 사람들이 자신에게서 무엇을 기대하는지 알고 있다. 그는 그 조직의 상징들과,

---

16) Laurin L. Henry, *Presidential Transitions*, Washington 1960, 541-542를 참조할 것.

특별하게 해석되지 않은 대화 배경들을 통상적인 것으로 받아들인다. [조직 내] 사람들은 승진한 보스의 단골 주제들과 선입견들을 알고 있고, 그래서 그 보스와는 이야기가 더 잘 통할 수 있다. 그는 낯선 사람이 아니어서 조직으로부터 정보를 끌어낼 가능성도 충분히 있다. 그는 공식적 권한을 사용하지 않고도, 다른 사람들에 대한 자신의 요구를 관철시킬 수 있다.

조직 출신의 보스는 오랫동안 누려왔던 이익들, 친절들, 소중한 우정들 때문에 그런 기대들을 존중한다. 그러한 보스는 국외자들로서의 역할에 허용된 자유를 누리지 못한다. 그는 새로 임명 받은 지위에 부합하게 행동해야 하며, 그래서 처음에는 옛 신분과 관련된 기대들을 실망시켜야 한다. 그런데 새로운 보스가 이미 비공식 질서에서 서열이 높았고 비공식 지도 기능을 알고 있었기에 그의 임명이 충분히 예상할 수 있는 일이었다면, 그 보스는 옛 신분에 따른 기대를 위반하더라도 큰 저항을 유발하지는 않을 것이다.

내적인 승계를 중시하는 미국의 기업 행정에서는 신임 보스가 자신의 파벌을 데리고 들어온다는 것을 관찰할 수 있었다. 즉 한 개인이 승진하는 것이 아니라

신임 보스 49

전체 집단이 승진하는 것이다.[17] 그 사실은 결정적인 장점들이 있다. 신임 보스는 조직에 익숙한 지도 도구를 함께 가지고 온다. 뿐만 아니라, 자기 덕분에 승진한 부하직원들의 집단 내에서의 개인적인 지위도 동시에 강화된다. [하지만] 이러한 집단의 승진은 보통 조직 내에서의 파벌들의 대립을 첨예화하는 결과를 낳는다. 그런 과정을 통해 승진에서 누락된 사람들은 불만을 느끼고 불평할 것이다. 그리고 다음 보스가 교체될 때에, 사안들의 결정 구조에서 힘을 쓸 수 없고 조직에서 사용 가치가 줄어든 옛 추종자 집단이 남게 된다. 그 추종자들은 추정컨대 새로운 보스에 맞서는 저항을 조직할 것이다.[18]

공적 행정에서는 인사 결정들이 분명하게 공식화되어 있기 때문에 그런 식으로 상위 직책에 구 파벌을 승진시키기가 더 한층 어려워질 것이다. 그러나 여기서도 신임 보스가 조직 내부를 점령해나가는 과정

---

17) Laurin L. Henry, *Presidential Transitions*, Washington 1960, 541-542를 참조할 것.

18) 그러한 "과거의 중위들"의 보기로 Gouldner, *Patterns*, a.a.O. (각주 11), 74이하를 참조할 것.

에서, 과거의 유대들을 유지하며 [조직 내 반대 추세들에] 반응하는 경향이 있다.

이 고려들은 명백하게 일반적인 인사 추천을 허용하지 않는다.[19] 주요 직위들을 외부 인사들로 채우는 것도 내부 승진을 통해 채우는 것도 이 경우에는 일반적인 장점이 되지 못한다. 두 해결책 모두 장점과 단점이 있으며, 그 결과들은 비교될 수 없다. 그래서 과학적 분석에서는 오직 파생 문제들의 분화를 기대할 수 있을 뿐이다. 그리고 어쩌면 실천가들의 경우에도, 가능한 해법들 가운데 하나를 선택해야 할 때 이론적으로 올바른 해법에 관해 들을 것이 아니라 어떤 파생 문제들에 주의해야 하는지를 듣는 것이 더욱 유용할 것이다.

### 4. 전임자의 개성

다른 요인은 전임자의 개성, 그가 충족시켰던 기능

---

[19] Grusky, "Administrative Succession", a.a.O. (각주 3), 108에서는 내적 점령들이 더 적은 어려움들을 만들어낸다고 한다. 태도를 결정하지 않은 글로는 R. Stuwart, "Management Succession", *The Manager 23* (1955), 579-582, 676-679 (580)을 볼 것.

들, 남겨진 그의 영향력이다. 지위의 정체성으로 인해 후임자와 전임자는 반드시 비교하게 되고, 나중에는 이 비교들에 근거하여 기대들을 특정한 방식으로 평가할 수 있게 된다.

후임자가 비슷한 생각들과 습관들을 가지고 부임하면, 예를 들어 그가 같은 정당에 속하거나 같은 직업 교육을 받았거나 비슷한 경력을 수료했으면 직위 인수인계는 쉬워질 것이다. 후임자가 전임자의 대조 타입으로 선택되거나, 사업가가 맡았던 직책에 교수가 임명되었거나, 정당 출신의 정치인이 맡았던 직책에 법률가 출신 인사가 임명될 경우에는 조정은 복잡해진다. 그 경우에는 그런 조건에 부합하는 대조 행동이 기대되고 상황 해석에 함께 투입된다. 벌써 그것 하나만으로도 [후임자들의] 강조점과 기회가 달라진다. 직원들은 물론 자신들의 행동기대들의 척도에 따라 신임 보스에 접근하고자 모색할 것이다. 보스는 그런 유형화들이 사전에 실행되는 사정에서 벗어나기 어렵고 벗어나는 데에 시간이 걸릴 것이며, 어쨌든 그가 개인적인 면모를 보여주고 자신에 대해 개별적인 기대가 형성된다는 점에서 그런 유형화로부터 벗어날 수 있다.

그러한 대조적인 기대들이 그 이상으로 새로운 일반화 경향들을 만들어낸다는 것은 아주 빈번하게 관찰할 수 있다. 보스 자리의 명패가 교체되어 있으면, 그 명패의 새 주인공인 보스는 어쨌든 전임 보스와는 다른 방식으로 결정할 것이라는 기대를 불러일으킨다. 지금까지 억눌렸던 사람들은 새로이 희망을 품을 것이며, 과거에는 실현 가능성이 없었던 관심들이 제기된다. 전임자에 대해서도, 이 도식에 포함되어 현재 문제들과 대조되는 조건에서 새롭게 해석된다. 그래서 이전 보스에 대해 사후적인 평가가 이루어진다. 굴드너는 이것을 표현하기 위해 레베카 신화(Rebecca-Mythos)[20]라는 용어를 주조했다.

그밖에도 전임 보스가 자리에서 물러난 후에도 현장이나 막후에서 계속 활동하는지의 여부[21]가 중요하다. 그가 같은 조직에서 가령 더 높은 자리에서 일하고 있을 때에는, 상황은 분명하다. 그러나 그것이 유

---

20) Gouldner, *Patterns,* a.a.O. (각주 11), 79-83.

21) 그 점에 대해 Grusky, "Administrative Succession", a.a.O. (각주 3), 107을 참조할 것.

일한 경우는 아니다. 예를 들어 정치적인 자리 교체의 경우에, 이전 보스들이 의원으로서 의회에서 영향력을 유지하기 때문에 정부 부서 내의 내적 세력 구도에서 변동은 일어나지 않는다. 그러나 이런 예는 미국의 정치적인 세력 다툼에서는 없다. 미국에서는 대통령 권력의 정치적인 교체로 인해 포괄적인 인사 차원의 효과들과 행정적인 소급 효과들이 유발되는데, 그 점은 이 효과들을 설명하는 이유들 가운데 하나일 것이다.

## III.

지금까지 설명된 요인들 외에도 일련의 다른 요인들이 함께 작용한다는 것은 틀림없다. 예를 들어 조직 내에서 하나의 생각이 확산되어 있는지, 아니면 서로 다른 생각들이 대립하고 있는지의 여부, 조직 구성원들의 참여 관심의 강도와 방향, 특히 [조직 구성원이 되는 조건으로] 지불된 [타 업무에 관한] 무관심 내지는 공격적인 영향력 모색이 우세해지는 규모, 특히 조직 내 리더십에 대한 요구, 그런 요구들이 외부 힘에 의해 위협 받음, 조직의 결정에서 일상적인 과정이 차지하는 규모 등이 그 요인들이다.

우리는 이 방향으로 연구를 계속 구축해 나가고 그럼으로써 문제를 더욱 쪼개 나가는 대신, 그것을 동일한 문제로서 눈앞에 드러내기 위해 노력할 것이다. 특수한 목적을 지향하는 거대 공식 조직에서는 지도 역할의 교체가 부분적으로만 제도화되어 있어서, 필연적으로 몇 가지 문제가 만들어진다. 그것은 기대들의 근거를 빼앗고, 불확실성들을 만들고, 새로운 지향들을 안정시키는 욕구를 불러 일으킨다.

만성적인 장애가 반복되더라도 지속될 위험은 별로 없다. 늘 다시 상황에 적응해서 새로운 기대들에 익숙해지게 된다. 문제의 본질은 그렇게 결정적으로 전환 비용에 달려 있는 것도 아니고, 교체 시기 동안의 성과 약화에 달려 있는 것도 아니다. 그보다는 새로운 기대들이 공식 조직의 목적에 부합하는 원칙에서 형성되는 것이 아니다. 진짜 문제는 ― 바로 지도 교체의 결과로서 ― 그 교체 자체가 직접 관련된 비공식 조직이 분리된다는 것, 상사를 배제하고 무력화시키며 상사의 공식 권한만 인정하는, 장기근속 직원들의 파벌이 형성된다는 것이 근본적인 위험이다. 그렇게 되면 부하직원들은 완전히 이념화된 자기들만의 연극을 공연한다. 연극의 주인공은 너무 세심하고 부지런해서 과로에 시달리는 관료들이며, 상사는 관객으로 다루어진다.[22] 모든 모순되는 사실들은 상사에게는 은폐되기 때문에, 상사는 사안에 관한 비판의 빌미를 찾지 못하고, 부하직원의 자기서술을 의심할 경우에는 양식에 어긋나고 무례한 사람이 된다.

그 경우에는 지위 신분을 통해 영향 받은 많은 접촉에도 불구하고 상사가 소통에서 소외되는 결과에 이른다. 상사가 정보로서 획득하는 것은 모두 여과된 것들이다. 상사의 결정들이라는 것도 담당자들에 의해 제안된 대안들의 범위를 벗어나지 못하고, 그 범위 내에서 달라질 뿐이다. 또한 상사는 외부로부터 조직의 결함을 지적 받게된다. 상사가 사안을 신중하게 생각하고자 하면, 사전에 충분히 고려[되었기에

---

22) 그러한 자기기술(Selbstbeschreibung)의 문제들과 기법들에 대해서 Goffman, *The Presentation of Self*, a.a.O. (각주 1)을 참조할 것.

비판이나 지적의 여지를 남겨 두지 않은 설명과 이유들만을 듣게 된다. 상사는 이런 역할이 공식 조직에 의해 고정되어 있기 때문에 영향력 있는 스타로 남기는 하지만, 그가 스타로서 나타날 수 있는 경우는 다른 사람들이 결정한다. 상사의 높은 신분은 결정을 승인하기 위해, 의전적인 목적을 위해, 문제 있는 관행을 규정화시키기 위해, 체계 욕구들을 환경에 대한 외부 요구들로 변환하기 위해 사용될 뿐이다.

그러한 질서는 지도 교체의 결과 만들어진 안정화 문제의 해법으로서 간주될 수 있다. 그 질서는 안정화 기능을 만족스럽게 수행할 수 있다. 조직을 공식적인 권위 위계로 보는 전통적인 고찰 방식에서는, 이 가능성은 타당하고 주목할 가치가 있는 것으로 다루어지지 않았다. 그리고 수백 년 전부터 부하직원들을 지도하는 기술이 토론되어 오는 동안 그 기술에 관해 이론들, 체계들, 실험들, 강좌들, 개괄하기 어려울 정도의 방대한 문헌들이 있지만, 상사 조종 기술은 사회적 체계의 안정성을 위해 몇 가지 경우에 더 중요한 것일 수 있음에도 불구하고 별 주목을 받지 못했다.

모든 선입견에서 풀려나 그러한 질서의 장점들을

솔직하게 인정하더라도, 특히 조직의 외부 관계에서 발견되는 특별한 단점들이 생겨난다. 그 경우에는 조직에 대한 실제 영향력이 공식 조직도와는 상당히 달라지는 결과가 생긴다. 외부자들은 이러한 비공식적 영향력의 배분을 알지 못한 채, 공식 조직을 지향해야 한다. 그래서 외부자들은 실제로 작용하는 소통 과정에 어떻게 접근할 것인지 알지 못한다. 그리고 조직 그 자체는 환경의 기대들에 부합하지 않기 때문에 환경 적응의 어려움을 겪는다. 그래서 이러한 문제에 대해 어떤 대안들, 어떤 등가적인 해결 방안들이 가능한지 질문하게 된다.

우리는 이미 다른 가능성에 직면하였다. 그 가능성은 행위가 더욱 관료화되고 공식화되는 데에 있다.[23] 신임 보스는 주로 공식 조직의 수단을 동원하여 지배하고,

---

23) 이 반응은 기존 문헌에서도 빈번하게 언급되었다. 예를 들어 Roethlisberger/Dickson, *Management and the Worker*, a.a.O. (각주 6), 452-453; Goulder, *Patterns,* a.a.O. (각주 11), 59 이하, Carlson, "Succession and Performance", a.a.O. (각주 3), 109 와 Grusky, "Role Conflict in Organizations. A Study of Prison Camp Officials", *Administrative Science Quarterly 3* (1959), 452-472(463이하)를 참조할 것.

모든 경우에 일반적인 규칙 망을 조밀하게 구축하고, 믿을 만한 통제를 수립하고, 위반을 경고하고자 시도할 것이다. 보스는 이때 오로지 개인 자격으로서만 부하직원들의 행동에 설명을 요구할 수 있기 때문에, 부하직원들을 서로 간의 비공식적인 관계를 고려하지 않은 채 개인들로서 다루기만 할 뿐이다. 감정적인 의무감, 협조의 성과, 선한 의도의 증명, 정보, 교환 욕구, 사적인 의무감, 감정적인 확실성을 가진 비공식적 질서는 여기서 가능성으로만 생각될 뿐, 현실적인 문제로서 간주되지는 않는다.

그런 행위는 막스 베버가 표현했듯이, 비인격적이며 관료적인 지배의 이념형에 부합할 것이다. 이 지도 방식은 적절한 과제들을 가진 보다 작은 규모의 집단 단위에서 틀림없이 실행될 수 있다. 그러한 지도 방식은 오늘날 미국 문헌에서 그렇게 하는 것처럼, 잘못된 것으로 치부할 수는 없다.

하지만 최근의 조직 연구들은, 이 방식으로 거대 조직들을 지도하는 과제가 성공적으로 실현될 수 있을지에 대해 의심을 제기할 단서들을 많이 제공한다. 바로 거대한 조직들이 형식적인 관료제의 관리를 받아야 한다는 전제는 적어도 지도 활동들에 사용되기 위해서는 검증을 필요로 한다. 우리는 여기서 보스의 과잉 부담이라는 문제들, 모순된 성과 기준이 불가피하다는 점, 목적/수단-도식과 권위의 명령 모델을 지향하는 고전 조직론의 결점들, 예절, 신뢰, 선한 의도의 교환, 특권의 차이들, 세련된 형식들의 사교적인 제재들에 의해 행동 조종이 이루어지는 개인 지향적인 "자연적" 행위체계들에 주목해야 한다. 이러한 사항들과 최근 연구의 다른 통찰들은 보다 분명하게 일반화된 체계 조종에 대한 관심을 불러 일으키기에 충분하다.

이 경우에는 금전을 통한 조종 기법 외에도, 보스가 소규모 동아리 모임의 부하직원과 사적인 관계들을 구축하는 방안이 특별한 주목을 끌었다. 하지만 처음에는 "인간관계" 운동을 통해 낙관주의가 팽배했지만, 그러한 경향은 그 후 회의가 커지면서 결국 사라진다. 개인적이며 인간적인 관심사들을 특별하게 고려함으로써 공식적인 조직의 목적을 진작시킬 수 있다는 점은 일반적으로 입증될 수 없었다. 그리고 그런 수단들로 성과 동기를 강화하겠다는 시도들이 특별히 성공을 거두었던 것도 아니었다.[24] 하지만 어쩌면 관찰들과 실험들의 이러한 첫째 문턱에서 제기되는 질문은, 공식적인 목적 조직의 전통적인 이론을 통해서, 또는 노동 동기 결핍 문제를 통해서 너무 많이 규정되었다. 노동 열정의 부재라는 문제를 처우 개선을 통해 해결할 수 있다는 생각은 간단히 말해 기대할 수 없는 일이었다.

우리는 또한 거대 체계들의 효과적인 성과를 실현하기 위해 보스가 다음의 능력을 갖추는 것이 필요한 일들이 아닌지를 질문해 보아야 한다. 보스는 부하 직원들의 비공식 노동 질서로부터 요구되는 일정한 기능을 넘겨받으며, 실제 직무 일상에서 다루어지는 문제들을 인식하고, 승진, 업무 관할, 정보 원천에 대한 접근의 분배에서 작용하는 음모들, 요구들, 교환 활동들 가운데서 올바른 길을 찾으며, 용인될 수 있는 탈법들과 일탈들의 의미를 이해하고 비공식적 신분

---

[24] 그 점에 관한 몇 가지 힌트들은 Conrad M. Arensberg u.a. (Ed.), *Research in Industrial Human Relations*, New York 1957을 볼 것; 그밖에도 John M. Pfiffner/Frank P. Sherwood, *Administrative Organization*, Englewood Cliffs (NJ) 1960, 특히 364이하를 볼 것.

상징들과 특권 구별들에 정통해지며, 결국 이 모든 것을 통해 이 체계에 영향을 미치는 법을 배울 필요가 있지 않을까? 보스는 상사라는 공식적인 신분으로 인해 이 체계 내에서 핵심 인물이라는 점을 부인할 수 없다. 그래서 우리는 보스가 단지 지식이나 의지 없이 기만당하기만 하는가, 그렇지 않으면 체계를 지배할 것인가의 문제를 질문해야 할 뿐이다.

지금까지 이런 종류의 행동질서들은, 공식 조직만이 정당성을 획득하고 연구자들의 관심을 독점하는 이면에 숨겨져 있었다. 그런 행동질서에 대한 연구는 이제야 시작되었다. 그래서 아직은 일반적인 판단들과 처방을 확정할 수는 없다. 하지만 오늘날 조직 연구를 확정하는 두 가지 큰 경향들, 즉 사실상 행동에 대한 사회학적이며 사회심리학적 연구들과 합리적인 체계 통제 이론이 수렴한다는 점은 몇 가지 연구 결과들에 근거하여 수용할 수 있다. 또한 비공식적 기능들, 비공식적 질서를 위한 성과들에 기초한 지위가 거대 조직의 지도를 용이하게 만들고, 충분한 신뢰의 위임과 선택적인 정보의 가능성들을 열어줄 것이라는 점을 수용할 수 있다. 간단히 말해 우리는 공식적으로 행동하기만 하는 상사들에게는 부여되지 않은, 일반화된 체계 통제 가능성들을 기대할 수 있다.

# 자발적 질서 형성
# 행정 속의 인간

### 노동세계: 사회적 결핍과 감정적 결핍
모든 조직은 행위들로 구성된다. 그리고 행위하는 인간은 행위가 실행되는 현장에 있다. 인간은 자신의 존재와 자신의 개성을 노동 장소에 함께 가지고 온다. 하지만 조직은 인간들에게서 원하는 성과만을 요구할 뿐이다. 조직은 인간들이 [사사로운] 감정을 표현하고 자기표현 욕구들을 드러낼 것을 거의 요구하지 않는다. 인간들은 근무시간에 아무런 일도 하지 않고 이리저리 어슬렁거리며, 조직의 통제 하에 있지 않으면 피해를 끼치기만 할 뿐이다.

노동 자체는 합리적으로 조직되어 있다. 노동의 결과는 사적인 생활의 내적 결과가 아니다. 그래서 조직에 속한 노동자들은 자신이 진정 바라는 것에 대해 조직에서 아무도 귀 기울이지 않는다는 느낌을 떨쳐버릴 수 없다. 그는 고유한 것을 서술해낸 결과물을 통해 자신을 드러내지 못한다. 그는 자신에게 관심을 표하지 않는 냉담한 무관심을 기회 결핍과 성취감 결핍으로 의식하게 된다. 많은 사회비판 문헌들은 "소외"라는 개념을 통해, 노동조직이 갖는 사회적이며 감정적인 결핍 증상을 고발한다. 직장 생활의 만족에 관한 최근의 경험 연구들은, [직장생활이] 일반적으로 기대할 수 있었던 것보다 대체로 만족스럽다고 평가한다. 그러나 우리는 이러한 설문 응답자들이 그동안 직장 생활의 변화에 익숙해졌기 때문에 그런 평가에서 긍정적인 입장을 표명했다는 점을 간과해서는 안 된다. 예를 들어 어떤 사람들은 텔레비전 수상기를 소유하게 되었고 더 이상 바랄 것이 없다는 이유만으로도 자기 생활에 만족한다는 점을 간과해서는 안 된다.

### 조직에 맞서는 인간?

이론은 대조하기를 좋아한다. 그래서 이론은 처음에는 개인과 조직의 직접적인 대립을 전제하였다. 대부분 그렇게 함으로써 딜레마를 해결할 수 있다고 생각했다. 이러한 사고 도식은 19세기의 강한 정신사적인 경향, 단순 개념들의 변증법에 대한 선호, 산업 갈등에 의해 매료됨으로써 지원 받았고 또 확정되었다.

하지만 이 문제 공식은 개인주의와 집합주의 사이의 분쟁이 만들어낸 열기로 인해 증발되었다. 그 후 경험적인 사회 연구가 실행되어 남겨진 작업을 실행하였고, 그 결과 보다 조심스럽고 세련된 생각들이 필요하다는 점이 부각되었다. 이 연구들은 기업의 생산 현장에서 시작되어 행정업무 영역에까지 확장되었으며, 이 사실로 인해 경직된 갈등이론이 불충분하다는 점이 분명해졌다. 갈등이론은 조직의 신축성도 감안하지 않았으며, 인간들이 보통 유연하게 생각한다는 점도 감안하지 않았다.

### 조직의 인간화

처음에는 스스로 변하라는 요구를 조직에 제기하였

다. 조직은 "고전적" 조직 모델을 사용한다는 이유로 오늘날에도 포괄적인 비난을 받고 있다. 고전 조직론은 동기이론에서 인간을 자유롭게 선택하는 존재로서 전제하고, 이런 의미에서 인간을 합리적인 존재로서 해석했다. 고전 조직론은 노동의 구체적인 내용을 사전 규정하여 그러한 노동에 인간을 동기화할 수 있다고 생각했다. 고전 조직론은 이 일을 위해 인간이 스스로 가지는 동기에 외적 동기를 부가할 수 있다고 생각했는데, 그러한 외적 동기는, 인간이 하고 싶어 하는 행동과 상치되며 그가 당연한 것으로 생각하는 행동을 선택하지 못하게 한다. 이론은 그 점에 있어서 성공적이었다 — 물론 고전 조직론의 성공은 인위적인 새로운 동기들이 사람들에 대해 유인 효과를 발휘했고 구체적인 행동을 유도해낼 수 있었다는 점에 근거하였다. 그밖에도 세련된 급여체계들과 엄격한 감독 시스템이 성공을 끌어낸 추가 동인을 공급하였다.

하지만 이 고찰에서는 갈등의 본질이 어디에 있는지를 보지 못했다. 고전적 동기 이론은 인간 내부의 갈등을 통해 인간을 지배하고자 노력했다. 하지만 최근의 경험적 행동과학들은 인간의 실상에 더 많이 집중했으며, 그 결과 이 갈등이 인간에게 너무 큰 부담이 된다는 것을 알게 되었다. 그리고 그 때문에 최근의 모든 노력들은 갈등의 이완을 지향했다. 오늘날 심리학, 정신분석, 인류학, 사회심리학, 사회학은 대개 인간들을 고도로 복잡하며 자기의식과 두려움을 통해 조종되는 행위체계라고 생각한다. 역으로 조직 편에서 보자면, 인간들의 체계를 의식적이며 무의식적으로 기능할 수 있는 것으로 만드는 데는 충분한 고려가 필요하다.

조직에 관한 새로운 인문주의는 조직이 [욕구나 동기 같은] 인간의 자연적인 현실에 기술적으로 더 잘 적응했다는 점을 고려했을 뿐, 조직의 목적이나 합리성 원칙을 유연화했던 점을 고려하지는 않았다.

사람들은 조직의 구조 결정들을 인간의 제한된 합리적 능력에 맞추어서, 지나친 부담을 인간들에게 떠넘기지 않을 것을 조직으로부터 기대하였다. 사람들은 조직이 보상적인 급부들을 제공해줄 것을 기대하였다. 그들은 서로 우호적인 이야기들을 나눌 기회를 원했고, 조직의 너그러운 이해를 받기를 희망했다. 그리고 조직이 인간적인 지도 이념을 통해 모두가 편안함을 느끼는 적절한 "작업 환경"을 만들 것을 기대하였다. 그리고 그렇게 되면 더 많이 일할 것이라고 생각하였다.

## 행정가의 적응 전략들

그동안 "인간들 사이의 관계" 관리를 위한 제안들이, 특히 생산조직들과 관련된 가운데 개발된 반면, 개별 인간의 적응 전략에 관해 실행된 소수의 연구들은 행정 관료제들로부터 주요한 인식들을 더 잘 이끌어낼 수 있을 것이다. 왜냐하면 행정가는 전략가가 되도록 사전에 운명 지어져 있기 때문이다.

행정은 원래 구속력 있는 결정들을 생산하기 위한 활동들을 뜻한다. 그런 결정을 만들어낼 때에 투입되는 행위와, 외부에 대한 행정행위는 근본적으로 소통으로 구성된다. 하지만 소통은 온전히 기계적인 작동들보다 뛰어난 행동과 자기증명 기회를 인간에게 제공한다. 단순한 기계적인 작동들은 컨베이어벨트 작업이 끝난 후 쌓여 있는 엄청난 수의 생산물들에서 비로소 의미를 드러내기 때문이다. 소통은 (아직까지는) 컨베이어벨트 작업처럼 개별 인간의 기억과 조합 기술

없이도 완성될 수 있게 프로그램화되고 전문화될 수 없다. 그래서 소통은 사안에 맞게 양식화되어야 하는 경우에서조차, 개인의 의도나 성과의 산물로서 생각되기도 하는 것이다.

그래서 행정의 경우에는 산업 조직의 인간이 갖는 딜레마가 같은 강도로 제기되지는 않는다. 그 점은 공공 행정과 산업 행정 또는 협회 행정에서도 마찬가지로 타당하다. 행정가는 특별히 고상하며 고차원적인 업무에서 개성이 있는 인물로서 자신을 드러낼 가능성을 더 많이 가지고 있다. 그래서 행정가는 조직 내에서 자신을 성공적으로 드러낼 조건에 고유한 개성을 적응시키겠다는 동기를 갖는 경우가 많다. 예를 들어 행정가는 아주 숙련되게 일상을 처리해 낸다는 것과 자기 행위의 비인격성을 분명하게 보여주고, 근무시간에는 근무에만 몰두한다는 것을 보여줄 수 있다. 그는 또한 위계 내에서의 승진을 통해 신분을 획득하는 경로를 선택할 수 있다. 그는 특정한 성과의 맥락에서 개인적으로 "대체 불가능한 존재"가 되는 상황을 추구하기도 한다. 행정인은 거대한 세부 계획들의 일환으로 일구어낸

자발적 질서 형성: 행정 속의 인간 71

성과들을 가지고 종합적인 성과물을 만들어내고는, 바로 자신이 그러한 세부 계획들의 개인적인 추진자였다는 점을 드러낼 수 있다. 그의 기회들은 보잘것없지 않다. 하지만 그의 조직은 그가 개인적인 목표를 실현시키려 할 때, 최소한의 공식적인 의무만 채우면 된다고 규정하고 있을 뿐이다.

## 합리화와 자기규율

조직의 합리성과 개인적인 삶의 내적 논리는 서로 조율되지 않은 완전히 상이한 체계의 법칙들을 따른다. 하지만 그럼에도 불구하고 — 또는 어쩌면 바로 그 때문에 — 쌍방 적응을 위한 일정한 여지가 있다. 이 여지는 더 많이 의식됨으로써 확장될 수 있으며, 양편의 공동작용의 전략적 구상을 통해서 확장될 수도 있다. 조직이 고유한 원칙들을 비판적으로 면밀하게 검토하며, 인간들이 고유한 감정들을 순간순간 비판적으로 면밀하게 검토하면, 쌍방 적응을 촉진시키는 추상적인 행동 원칙들과 새로운 행동 대안들을 발견할 수 있다.

그러한 행동 원칙이나 대안들은 발견하기 어려운

것들이 아니다. 고도로 발전된 산업 국가들의 행정을 개발도상국의 행정과 비교하면, 그 둘이 타자에 의해 규정된 노동 역할에 대한 개인적인 적응의 규모에 있어서 중요한 차이가 있으며, 환경, 특히 고유한 가족이 그러한 적응을 위해 필요한 생각들을 인정하고 규범적으로 함께 기대하는 규모에 있어서도 유의미한 차이를 가지고 있음을 알 수 있다. 이때 기대 규모가 증대되었다는 점은 관료적인 덕목들이 성공적으로 제도화되었다는 데서 찾아볼 수 있다. 조직된 체계의 고유 합리성을 불필요하게 봉쇄하지 않은 채, 관료들의 인격적인 대표성이 드러나도록 허용하는 덕목이 제도화되는 데에 성공하였다는 것이다. 그렇게 제도화된 덕목들로는, 예를 들면 표현의 조심성과 예법, 멀리까지 내다보는 시간 지평, 자기 행위와 타자 행위의 포괄적이고 복합적이며 간접적인 결과 등을 들 수 있다. 즉 권력 값을 위한 의미, 만들어지는 합의 기회들을 위해서 시도되며, 우회로를 통해 합의에 이르기 위해서 시도되는 모든 사건들의 상황 단순화와 선례 효과 등이 그러한 덕목들의 구체적인 보기들이다. 또한 기다릴 줄 아는 능력, 특히 자기감정의 충족감과 자기서술(Selbstdarstellung) 욕구들을 마지막 순간까지 숨기는 능력 역시 그런 덕목으로 꼽을 수 있다. 성공적으로 제도화된 덕목들로는 참아내는 능력과 긴장 조정 능력, 특히 이미 결정이 내려졌을 때 차선의 해결책에 만족하고 사실들을 사실로서 인정하는 내면적인 태도, 그리고 이 모든 것의 전제로서의 자기 규율을 생각할 수 있다. 이것들과는 별도로, 선진국에서 국가시민적 현존재(Dasein)의 "근대화"가 같은 방향으로 진행된다.

## 소집단의 신화

### "비공식 조직의 발견"

인간을 조직 내에 통합시키는 모델에 관한 우리들의 생각은 최근의 조직과학에서 몇 가지 출발점들을 취한다. 하지만 그것은 그런 출발점으로서 완전한 의미에서의 대표성을 갖지 못한다. 많은 이론들과 연구들은 "비공식 조직" 또는 기업 내 "비공식 집단"의 발견을 그러한 대표성의 토대로 삼는다. 비공식 집단은 1927년부터 1932년까지 하버드대학 비즈니스학부에 의해 웨스턴 전기회사의 호손 공장에서 실행된 방대한 규모의 실험 시리즈의 결과물이었다. 이 실험 결과들을 해석한 결론들은 기업사회학과 행정사회학의 후속 발전에 막대한 영향을 미쳤다.

이 연구들을 간결한 정식으로 압축하면 다음과 같다. 조직된 체계들 안에는 공식적으로 규정된 직위들의 공식 조직 외에도, 고유한 규범과 제도들을 소유한 다른 사회(social)질서들이 있다. 이러한 사회 질서들은 자율적인 지도 역할들과 비공식 제재들의 단초들을 통해 부각된다. 노동자들은 특별하게 선호되는 소통 주제, 쌍방 존중의 특수한 관점들과 노동 상황, 그 상황들과 위험들을 설명하는 감정적 논리 등을 통해 함께 일하는 동료로서 사교적인 욕구들을 서로 충족시켜 주고, 공동의 관심을 표현하며, 노동자들의 관심이 기업의 지도에 너무 많이 좌우되지 않도록 사회적인 조종을 통해 저지하는 데에도 노력을 기울인다.

## 과학에 의한 착취들

비공식 집단의 발견을 통해 밝혀진 새로운 통찰들은 그때까지 지배적이었던 개인과 집단(Kollektiv)의 대립 공식을 무너뜨렸다. 개인과 집단의 대립은 고전 조직론에서 보상과 처벌을 통해 동기화가 가능하다는 이론의 토대로 활용되었던 공식이었다. 새로운 통찰의 결과, 노동 조직을 사회[적 ]체계(social system)와 동일시할 수 없다는 점이 분명해졌다. 그리고 다른 한편 기업 내에서의 개인의 반항적인 행동이 개인적인 동기에서 유래된 것만이 아니라, 적어도 사회적인 동기가 함께 작용했다는 점도 분명해졌다. 그래서 사회학은 기업 목적과 최적의 목적 실현을 위한 수단을 기업 연구에 넘겨주고, 자신은 새로이 발견한 비공식 조직이라는 특수 분야로 나아갈 수 있었다. 그리고 기업 연구와 사회학의 이러한 분업은 오늘날까지 지배적인 원칙으로서 이어져 오고 있다.

일단 이런 상황에서 이론적인 공식은 집단 개념을 결론으로 제출하였다. 그 개념은 작업 목적으로부터 도출될 수 없었던 이 모든 비공식적 현상들의 연관을 설명하고 친숙한 일반적인 현상들과 연결할 수 있는 것으로 보였다. 미국에서는 이 출발점에 기초하면서, 소집단에 관한 광범위한 연구들을 발전시키는 예상 외의 성과를 거두었다. 구체적으로 사회심리학적 실험들에서 사회학적 역할분배 모델을 거쳐 계량화할 수 있는 변수 구성에 이르며, 조직과학과는 느슨한 관계를 유지하는 연구들이 발전되었다.

### 사회정책적 희망들

집단 연구가 학문적인 생산성이 높다는 점은 명약관화하지만, 호손 실험의 기획자인 엘튼 마요와 그의 추종자 및 후계자들 몇몇이 집단의 본질과 관련하여 제안한 일반적인 사회정책적인 희망들은 오늘날 회의적인 것으로 평가 받는다. 마요는 은폐되어 있었던 자발성(Spontaneität)의 금맥을 비공식 집단에서 발견했다고 믿었고, 그곳으로부터 산업 내 불충분한 노동 도덕에 새로운 힘을 공급할 수 있을 것으로 생각했다. 산업 스스로 이 현상을 깨닫고, 그 조직들이 감정적으로 안정화된 집단을 돌보고 보전하는 방식으로 변화할 수 있다면, 이 집단들은 사회적인 회복의 배아로서 드러날 것이다.

이 구상의 기본 생각은 의심할 나위 없이 옳다. 즉 우리는 복잡한 생활 조건에서 팍팍해진 정신 상태에 있는 개별 인간들보다 집단들에게 영향을 미쳐 우리

뜻대로 행동하도록 조종하기가 더 쉽다. 그리고 여기서 출발한 조직의 "인간화"에 대한 자극 또한 유용했다. 그밖에도 유럽 대륙의 직업윤리 운동에서 일정한 유사점을 보여주었던 이러한 확산된 낙관주의는 사라졌다.

## 소집단과 거대집단

노동집단과 친밀집단의 유사성은 그렇게 크지 않다. 직업 노동의 거대 조직에서는 집단 형성의 특수한 조건들이 지배적이다. 그러한 조건들은 구조적으로 미리 주어져 있으며, 조직을 좋은 친구들과 잘 지내는 공동체로 변화시키려 하지 않는다면 달라질 수 없을 조건들이다. 이 해결책이 막혀 있으면, 정확하게 정의된 행동 요구들이 합리적으로 구조화된 노동 세계의 어떤 상황에서 형성되어 유지될 수 있는지의 질문이 제기된다. 그러한 요구들이 저항을 조직하기 위한 것이라고 하더라도 말이다.

이 약점은 윌리엄 풋 화이트(William Foote Whyte)의 선도적인 논문[1] 이래 집단이론에서 보편적인 상

---

1) "Small Groups and Large Organizations", in: John R. Rohrer/

식이 되었다. 하지만 그 약점이 얼마나 큰 영향을 끼칠 수 있는지는 제대로 알려져 있지 않다. 지금까지 그 약점이 제거될 수 없었던 이유는 집단 개념 자체에 있다. 집단 개념은 전통적인 방식에 따라 순수한 내적 질서를 지칭한다. 집단이 어려운 환경에 적응하는 문제는 지금까지 집단이론에 의해서도 집단 실험에 의해서도 충분한 주목을 끌지 못했다. 거대 조직은 비공식 집단에 대해, 그런 것이 있을 수 있다고 한다면 환경으로서 작용한다. 집단이 어떤 상황에서 전투적인 태도로 환경에 적응하는 형식을 취하는지, 목적지향적이며 교환적인 형식을 취하는지의 질문은 지금까지 대답은커녕 제기되지도 않았다.

## 행정의 특수한 상황

이 모든 이의들 외에, 비공식 집단이라고 불리는 집단이 현실적으로 어떤 규모로 형성되는지는 아주 불확실하다는 점을 추가적으로 고려하여야 한다. 어쨌든 행정조직은 철저하게 위계적으로 구성되어 있기

---

Muzafer Sherif (Eds.), *Social Psychology at the Crossroads*, New York 1951, 297-312.

때문에, 집단의 구조는 몇몇 미국 기업사회학 연구로부터 추측할 수 있는 것보다 훨씬 복잡하고 훨씬 유동적인 것으로 보인다.

다른 한편 집단 현상과 실제 그 현상의 도달 범위를 회의함으로써, 행정에서 비공식적 행동 측면의 의미를 과소평가하는 결과를 낳아서는 안 될 것이다. 비록 구속적인 결정이 공공 행정에서 부단히 공식적으로 프로그램화되어 있음에도 불구하고, 결정을 준비할 때는 — 그것이 원래 행정의 활동이다 — 공식(책임 있는) 소통과 비공식(자발적, 임시적, 간접적) 소통이 병행하여 진행된다.

우리는 기업사회학 연구의 결과로부터 적어도 다음 사실을 결론으로 취하여 공공 행정에 적용할 수 있다. 체계 내에서 구성원 자격을 유지하려는 모든 사람이 주의해야 하는 공식적 행동기대들은 완전한 상을 만들어내지 않는다. 행동기대들은 실제 행위의 완전한 현실을 보여주지 않는다. 그밖에도 행동기대들은 자발적이지만 사회적으로 질서 있는 행동이 추가되고 보완 기능을 채우는 경우에만, 혼자서 살아남을 능력이 있

다.[2]

## 자발성과 자발성의 사회적인 조건들

### 자발적 사안 관련 행위

최근의 조직과학에서는 "비공식적"과 "자발적"이라는 단어를 종종 같은 의미로 사용한다. 그래서 자발성이라는 단어를 자세하게 설명할 필요가 있다. 그것은 철학과 심리학에 의해 보전된 개념의 전통적 의미로 인해, 그 개념을 우리 목적에 맞게 사용할 수 없게 만들기 때문에 유감스런 일이다. 그 개념에 따르면, 자신 안에 원인이 있는 행위가 자발적이다. 하지만 순수하게 개인에게만 귀속 가능한 행위에 대한 이런 생각은 "비공식 조직"이 발전됨으로써 극복되었다.

---

[2] 1962년 7월 이른 바 "고슴도치 작전"을 기획하고 수립하여 실행하기 위해 우체국 노동조합이 기울인 수고는 이런 식으로 공식적인 의무에 전념하게 하는 일이 얼마나 낯선 일일 수 있는지를 잘 보여주었다. [고슴도치 작전은 우체국 직원들이 규칙을 철저하게 준수하여 고객 응대를 하는 방식으로 구상된 태업이었다.] 그 작전은 인위적인 작동을 통해 구체적인 일상행동으로부터 분리되어야 했으며, 작동을 그렇게 규정된 형식으로 채워 넣는 데에는 상당한 수고가 요구되었다.

자발성 개념은 원인에 맞출 것이 아니라, 행위가 성찰된 정도에 맞출 때 최근의 사회심리학과 사회학을 수단으로 하여 재구성될 수 있다. 한 인간이 자발적으로 행동한다는 것은, 그가 특정한 상황에서 특정하게 행위할 때 자기 행위의 의미만을 지향하고, 그 행위에 대한 다른 사람들의 승인을 얻을 수 있을 것인지, 그 행위로 인해 다른 사람들에게 비치는 자기 모습이 어떻게 될 것인지를 신경쓰지 않고 행위한다는 것을 의미한다. 자발적 행위는 사안과 관련되며, 사회적인 상황을 미리 고려하지 않은 행위이다. 자발적 행위는 합의가 보장된 상황들, 이미 제대로 이해되고 있다는 신뢰가 있는 상황들, 비난받지 않기 때문에 특별한 조심과 배려들이 불필요해지는 상황에서만 전개될 수 있다. 자발적 행위는 일정한 사회적인 사전 조건들이 충족될 때에만 풍성하게 일어날 수 있다. 자발적 행위는, 소시오메트리(집단 구성원들의 친소(親疏) 관계를 조사하여 집단의 갈등이나 통합의 정도를 조사하는 경험조사 방법: 역자 주)라는 과학이 형성되어 연구대상으로 삼는 일정한 사회적인 사전 조건들이 채워진 경우에만 번성한다.

조직된 행정의 구조 결정들은 자발적 행위에 특별한 사회적인 틀을 입힌다. 그 틀의 두 가지 중요한 특징들은, 합의 의무들과 인간관계의 지속적인 성격이 특수화된다는 점과 규제되어 있다는 점이다.

## 제한되고 규제된 합의

가족이나 친구 관계들과는 달리, 행정에서는 원래 임의의 모든 주제에 대해 합의가 도달되어야 한다는 기대가 있는 것은 아니다. 그렇게 되기보다는 동료로서 무엇을 인정해야 하며 모두가 승인해야 하는 견해들이 어떤 절차를 통해 표현되어야 하는지가 정확하게 규정되어 있다.

그렇게 파악된 주제 범위 내에서 승인되어야 할 결정에 이를 것이라는 확실성은 결정 완성 과정이 예견될 수 있다는 점과 함께, 공식적이며 비공식적인 일상적 협력에서 상당한 정도의 자발성을 가능하게 한다. 아무도 자기 파트너가 갑자기 이빨을 드러내며 히죽 웃거나 비꼬는 농담을 하거나 거절하기 곤혹스런 불편한 개인적인 소원을 표현하지 않을까 걱정할 필요가 없다. 사람들은 그런 의외성에 대해서 교제라는 제도적인 틀을 통해 보호받고 있다. 그는 물론 스스로도 역할 특수화라는 이 법칙을 지키며, 변덕스런 생각들을 억누르고, 현실적으로 떠오르는 생각에 따라 불쑥 표현할 정도로 그렇게 순진하게 행동하지 않는다는 반대급부를 함께 지불하면서 보호받는다.

이 조건 하에서 자발성은 역할에 따라 특수하게 제한되어 있다. 그래서 자발성은 원천성과 신빙성을 잃는다. 왜냐하면 의무에 따라 사안에 적합하게 행위할 수 있기는 하지만, 의무에 따라 자발적으로 행동하기란 그렇게 쉬운 일이 아니기 때문이다. 행정 현장에서는 배경들과 2차적인 의도에 대한 의심은 널리 확산되어 있다. 그 의심은 정당하기도 하고 부당하기도 하다.

### 지속적인 교제 의무

우리가 지금까지 해온 여러 가지 논의보다 훨씬 더 중요한 것은, 자연스런 자발성이 교제의 지속적인 성격을 통해 수정된다는 점이다. 지속성은 친밀집단에서 관계를 밀접하게 만든다. 참여자들이 구성원이라는 이유로 인해 역할에 따라 특수하게 작업해야 하는 행정에서는 교제의 속행이 교제의 편안함에 의해 동기화될 수 없으며 그래서 문제가 된다. 구성원 자격을 유지하려면 협력해야 한다. 그리고 변화된 상황들 가운데서, 그리고 의존성들이 변화되는 조건에서도 서로 다시 만나야 한다. 다른 시간에 다른 업무 관계에서 다시 만날 수 있다는 법칙이 지배적인 법칙이 된다. 그래서 조심하는 것이 바람직하고, 관계에 해로울 수 있을 사항을 살펴보게 된다.

그럼에도 불구하고 개인적인 친분 관계에 기초하여 신뢰에 가득 찬 자유로운 교제에 이를 수 있다. 하지만 다른 한편 그렇다고 해서 의식이 함께 작용하지도 않으며, 항상 좋은 화합에 이르기 위해 협력할 필요가 있는 것도 아니다. 제도적인 틀은 반대자도 협력할 수 있다는 것을 보장하기는 하지만, 친한 사람들이 함께 일할 때 보여주는 자발성까지 발휘되도록 보장하지는 않는다.

## 행정행위의 표현 양식

자발성이 갖는 사회적인 틀의 조건들은 행정행위의 표현양식에서 다시 발견된다. 행정행위는 특별히 진지한 행위이며, 표현되지 않은 배경의 이념에까지 소급될 수 있는 행위이다. 행정행위는 특수한 과제들과 이미 내려져 있는 결정 주제들에 묶여 있기는 하지만, 조심스럽고 관계가 풍성한 것으로서 인식될 수 있기도 하다. 행정행위는 자발적으로 이목을 끌기는 하지만 성찰된 것으로서 인식될 수도 있다. 편견과 중립성은 같은 정도로 부정된다. 그리고 모두가 행정행위에는 표현될 수 없는 동기들이 함께 작용한다는 것을 알고 있더라도, 행정행위는 완전하게 언어화될 수 있는 것으로서 나타난다. 그래서 행정행위는 늘 새롭게 불신을 만들어낸다.

다른 한편 이러한 행동 양식이 모든 행정 구성원들에 의해 사용됨으로 인해, 그 행동 양식은 일종의 자기 의무를 낳으며 신참들은 그런 의무를 빨리 습득한다. 행정은 그러한 사정으로 인해 행위자들의 개인적인 속성들, 관심들, 표현 습관들을 감안할 필요 없이, 고도로 복잡한 정보처리 과제들을 제안할 수 있다.

# 동료 관계

## 체계의 과제 충족과 서술

성찰된 자발성은 소통의 표출적인 양식에서 드러나는 것만은 아니다. 그것은 수많은 부수적인 제도들을 지탱하는 근거가 된다. 그것은 행정 내에서의 협력을 가능하게 하거나 용이하게 하기는 하지만 행정의 목적을 위한 수단으로서 직접 정당화될 수는 없는 부수적인 제도들을 지탱할 수 있다.

과제들의 충족은 그 자체로서 하나의 업무이다. 과제가 충족되기 위해서는 언제나 일정한 한계 내에서 서류들, 인원, 재정 같은 필수적인 수단들을 요구할 수 있다. 하지만 이러한 공식적인 방식으로 드러나지 않으며 해결할 수도 없는 협력이라는 문제들이 있다. 과제들은 행정의 정당한 외부 면을 형성하기는 하지만, 기대들과 사실들의 일반적인 선택을 포함하고 있으며 구체적인 체험과 행위의 완전한 현실을 재연해 내는 것은 아니기 때문이다. 과제들은 모든 외부 접촉에 대해서처럼 양식화된다. 과제들이 서술되기 위해서는 벌써, 그러한 과제에서 함께 드러날 수 없는 행위들이 필요하다. 예를 들어, 소통 자체의 설득력, 약점과 실패의 은폐, 또는 내적 의견 차이들의 극복에 사용될 수 있는 수고들이 필요하다. 영국의 어떤 관찰자[3]는 의회에서 제기된 질문에 대한 정식화된 답변들을 "스스로를 은폐하는 기술의 최고 보기"라고 규정한다. "만약 그런 보기들이 대가의 작품으로서 공공연하게 인정된다면, 그것들은 실제로는 대가의 작품일 수 없을 것이다."

외부 관점을 조종할 수 있기 위해서는, 무엇이 가시화되어도 괜찮고 무엇이 가시화되어서 안되는지의 판단 근거가 되는 내부 관점이 필요하다. 동료들은 서로를 알지 못하더라도, 어느 정도는 서로에게 생각을 알려줄 수 있는 관계와, 조직의 내부와 외부가 다르다는 점을 고려하며 행위할 것을 서로에게서 기대한다. 이 생각은 내적 협력의 기본 법칙이며 그러한 생각으로서 제도화되어 있다. 그 생각은 집단 형성을 전제하지 않는다.

---

3) Harold E. Dale, *The Higher Civil Service of Great Britain*. London 1941, 37.

## 소통의 용이성과 장애

동료 간 협력의 중요한 명령은 언어 규정이다. 외부를 향하거나 통제될 수 없을 소통들은 걸러져야 한다. 관료적인 표현을 위해 사용되는 용어들은 직무상 규정들을 보장하며 해명 능력이 있다. 내적으로는 보다 자유로운 표현 방식, 즉 그러한 문서 소통의 작성에 관해 서로 말할 수 있는 방식이 가능하다. 그런 자유로운 표현 방식은 공식적인 결정 이전에 신속하며 실천적이며 포괄적인 이해를 가능하게 하며, 그래서 말해지는 모든 것이 또한 작성될 수 없는데도 합리적이며 고도의 자격을 갖춘 결정 능력의 근본적인 요소에 도달할 수 있으며, 모든 것이 작성될 수 없다는 바로 그 이유로 인해 그렇게 될 수 있다. 그렇게 되면 문서를 통한 통보는 발견된 결과를 물화하고 서류 정리에만 사용될 뿐이다.

불친절한 관찰자들에게는 이중 도덕으로 비칠 수도 있을 그러한 언어의 분화는 동료 간 신뢰를 전제한다. 즉 필수적인 소통 차단들에 주의하겠다는 각오와 동료가 그 일을 해낼 수 있을 것이라는 점을 신뢰해야 한다. 성실성, 비밀 엄수, 표현 절제가 동료들 간의 기대로서 제도화되는 것이다. 그 조건을 지키지 못하고 지킬 생각이 없는 사람은, 순수하게 공식적이며 어쨌든 악의 없는 정보를 충분히 얻지 못하게 되고, 그래서 행위 능력과 잠재적인 영향력에서 상당한 제한을 감수해야 할 것이다.

## 서열에 관한 쟁점으로서의 평등

상사는 잘 해야 반쪽짜리 동료밖에 되지 않는 운명에 있기 때문에, 언제나 충분한 정보를 공급받지 못한다. 상사는 순수하게 같은 근무처에 일하는 사람들 사이에서 사용되는 수단만으로는 부하직원들이 자신에게 신의와 예를 다하도록 유도하기 어렵기 때문이다. 부하직원의 입장에서 상사의 광범위한 소통들은 통제하기 어렵고, 그래서 상사와의 접촉에서는 조심 스레 유보적인 태도를 취하는 것이 적절하다. 특별히 상사가 자신은 부하직원과의 평등을 허용할 자격이 있다는 점을 넌지시 암시하면서 통상적인 존칭을 생 략한다면, 오히려 이것은 그 둘의 지위가 실제로는 불평등하다는 것을 강조한다. 물론 노련한 상사들은 상황이 달라질 때 상사의 역할과 동료의 역할을, 동시적이지는 않지만 차례차례 연출함으로써 그런 사정을 적절하게 다루어낼 줄 안다. 노련한 상사들은 자신에게 맡겨진 시간들을 잘 활용한다. 즉 그들은 스스로 상사로서 존재한다는 사실을 잠재적인 상황으로 유지하면서, 동료 사이에서 흔한 솔직한 대화가 가능한 시간을 만들어낸다. 서열 평등은 동료적인 양식의 근본적인 요소이다. 서열 평등을 서열 문제에 대한 무관심과 혼동해서는 안 된다. 그러한 무관심은 위계적 구조의 질서에서 반드시 제재를 받는다. 평등은 모든 서열 관계 가운데 가장 민감한 관계이며 그래서 특별히 조심스레 지켜나가야 한다. 공식 서열의 위계 질서의 명료성은 같은 서열의 동료들을 쉽게 인식하고 대할 수 있게 해주며, 역으로 동료적인 평등의 제도화는 공식 위계의 규칙을 따르지 않는 경쟁에 맞서 공식 위계를 보호한다. 동료들보다 우위에 서려는 사람은, 특별한 성과를 거두기 위해 노력할 뿐만 아니라 조직 내에서 승진하기 위해 노력 해야 한다.

### 자기존중의 유지

동료들 간의 평등과 외부 시선으로부터의 동료 간

관계의 보호는 동료들 집단에서 존중과 자기존중의 기준을 모색할 것을 시사한다. 우리는 우리 스스로를 상사나 부하직원들과 [언제나] 비교하는 것은 아니다. 왜냐하면 그들은 서열 차이로 인해 다른 영역에 있기 때문이다. 하지만 서열 차이는 능력이 뛰어난 사람들과의 성과 경쟁으로부터 부담을 덜 수 있다는 의미를 가진다. 우리는 고유한 요구 수준을 확정하기 위한 보기로부터 동료들의 능력과 성과들을 인식할 수 있다. 그래서 동료들의 존중과 존중 표현의 쌍방 교환은 자기존중의 유지와 강화를 위해 가장 튼실한 토대가 된다.[4]

동료 간 존중 의례에 대한 일정한 위험은 상사의 존중이 개별 동료들의 존중보다 실제로 훨씬 중요하다는 사실로부터 나타난다. 상사가 자신을 훌륭한 직원으로 기억하고 있다는 것을 아는 사람은 자신이

---

[4] 그 점을 중요하다고 생각하는 사람은 지고지순한 지성인처럼 스스로 외톨이가 될 뿐만 아니라, 쌍방의 존중을 추구하는 동료 간의 협력에 지장이 된다. 그는 상대를 존중하는 기준을 학자들 집단이나 전문직 집단 같은 외부로부터 끌어들이거나, 행정의 고객들이 인정한다는 이유로 존중의 기준을 선택하면서 조직 내에서 문제스런 인물이 된다.

동료들의 존중에는 개의치 않는다는 것을 더욱 분명하게 드러내고 싶은 유혹에 빠진다. 그것을 피하기 위해서는 좋은 예법이 중요하고, 동료들이 상사의 호의를 얻으려고 너무 심하게 경쟁하지 않도록 막아주는 직업윤리가 중요하다.

## 소집단들의 분리

### 직무 접촉

우리가 언급한 동료 관계의 구성요소들은 일반적인 역할의 구성요소들이다. 그런 구성요소들의 구체적인 항목들로는 성실성, 표현 절제, 그리고 이 두 가지 항목을 조건으로 하는 소통적인 개방성, 평등의 보전, 서로간의 존중, 경쟁의 직업윤리적인 불식 등을 꼽을 수 있다. 그것들은 조직 목적으로부터 도출될 수는 없으며 조직된 공동 작업의 파생 문제들에 연관된 역할을 구성하는 요소들이다. 하지만 동료 통제를 제도화하는 것만으로는 자발적 질서 형성을 완전하게 설명할 수 없다.

그밖에도 일상적인 공동 협력은 특수한 종류의 사회

적인 구속들을 강조하게 된다. 여기서는 위에서 이미 다루었던 [지금의 업무 파트너를 언젠가 다시 만날 수 있다는] 재회라는 문제가 작용한다. 모든 인간적인 접촉은 참여자들의 일정한 자기서술(Selbstdarstellung)을 필요로 한다. 참여자들은 자신들의 행위, 입장, 결정에서 자기 자신에 관해 어떤 것을 진술하지 않을 수 없으며, 따라서 자신을 기억하는 파트너들 앞에서 특정한 견해들이나 자질들을 갖추고 있음을 확인한다. 접촉이 반복되면 시간이 흐르는 가운데 지속성 기대들의 연결 지점인 사회 관계들이 굳어진다. 즉 지금까지 보여준 모습을 유지하라는 고유한 규범을 가진 작은 체계들이 형성 된다.

교제체계(Kontaktsystem)들은 좋은 동료애의 일반적인 관계를 좁은 범위의 업무 관계로 압축한다. 참여자들은 서로를 개인적으로 알며, 개인적인 예민함이나 과거에 힘들었던 사안들을 다루는 문제에서 신속하게 상호 소통하고, 암시를 통해 업무 주제의 복잡한 배경을 관련짓고, 상대가 좋은 의미에서 제기된 비판을 제대로 이해할 것이라고 믿을 수 있다. 그런 관계들은 관계 속에 있다는 사실이 주는 부담을 덜어주고 업무도 쉽게 만들어주며, 대개 그러하듯이 따뜻함이나 감정, 또는 친밀 영역에서의 교제가 성립되지 않더라도 그렇게 된다. 그러한 관계들을 유지하기 위해서는 어떤 일이 행해져야 하고, 파트너들이 좋은 관계를 고려하면서, 순수하게 사안만 따져서 행동할 때와는 약간 달리 행동할 것으로 기대할 수 있다. 엄호해주기, 새로운 사실들의 교환, 위협적인 혁신에 맞서는 공동 방어는 그러한 기대 대상에 포함되어 있다.

## 개인적인 관계들

개인적인 관계는 직무를 통한 접촉이 예컨대 전보나 승진으로 중단되더라도, 이후에도 계속 유지될 수 있다. 가끔씩은 함께 보낸 학창 시절, 막역한 지기 관계, 함께 겪은 전쟁 포로 경험, 함께 테니스 시합에 참여한 경험이나, 울타리 너머로 정원이 서로 맞닿아 있는 이웃 관계처럼, 그런 관계들이 맺어진 계기가 완전히 행정 외부에 있는 경우도 있다.

일상 업무에서 접하는 세계에서 [어느 정도] 담당자에 대해 구속력을 갖는 관계들은 비슷한 성격을 가지고 있기는 하지만, 좋은 업무 관계들과는 전혀 다른 기능을 하나 가지고 있다. 그러한 구속들의 의미는 일상적인 것이 아니라 특별한 것에 있다. 그런 구속들은 공식적으로 규정된 소통 경로들, 특히 업무 처리 경로를 우회하는 데에 기여한다. 그런 구속으로 인해, 낯선 관청에서 아는 사람들을 찾아서 [민원 처리를 신속하게 하거나 민원인에게 유리한] 예상 외의 방식으로 그 사람이 영향력을 발휘하게 할 여지가 있다.

하지만 그러한 일시적인 접촉을 통한 문제 해결은 일반적인 법칙일 수는 없기 때문에, 규정에 위배되는 어떤 것을 함께 가지고 들어온다. 그러나 비상시나 시급한 경우에 진행하기 너무 어려운 사안 처리를 교정하기 위해, 이 경로를 통해 몇 가지 조치가 이루어질 수 있다는 것은 부인하기 어렵다. 그래서 관계를 활용할 수 있는 동료는 회사 내 지도부와 연결되어 있거나 정치적인 문제를 해결할 때 어떤 기여를 했다는 기억을 가까운 주변에 남길 수 있다. 하지만 그 사람과의 인맥을 사안 처리에 사용하라고 강제할 수 없기 때문에, 그는 그런 요청을 수락하는 반대급부로서 어떤 것을 요구할 수 있으며, 그 반대급부는 특별한 존중이나 감사가 될 수 있다.

## 조직된 업무 집단들과 파벌들

표현의 양식, 일반적인 동료 관계, 좋은 업무 접촉들과 관계들은 사람들이 행정에서 마주치는 행동 조건들에 대한 자발적 반응들이 조밀화되는 단계들이다. 이 다음 단계에는 제각기 행정 구성원의 한 부분만을 포착하여 결집하고 그 밖의 것으로부터 분리하는 집단들이 형성될 수 있다. "비공식 조직"의 형성은 조직 목적을 지원하거나 반대하는 통일적인 작용을 하지 않는다. 비공식 조직은 상호 모순되는 경향을 가지는 방식으로 형성된다.

집단의 본질은 조직된 업무 집단과 파벌을 구별할 때 더 이해하기 쉽다. 모든 행정은 그 자체로 조직화되어 있다. 조직은 작은 단위들을 형성한다. 부서들, 보조 기관들, 구성원들이 공식 조직에 근거해 연결된 것으로서 파악되는 대단위 부문들을 형성한다. 파벌은 보다 자유롭고 대담하게 형성된 조직들이다. 파벌은 단편적인 조직 계획을 계기로 하여 자립적이며 상이한 업무 영역, 서열 영역의 개인들을 이익공동체로 결집시킨다. 견고한 파벌들은 비교적 드물다. 대개 현실적인 결집의 단초들만 발견할 수 있을 뿐이다. 그리고 그 반대자들의 환상 속에서 지나친 우려들을 함께 발견할 수 있다.

### 파벌 형성의 관련 문제들: 불만족과 전략

파벌들은 공식 조직의 코르셋을 입고 있지 않기 때문에, 다른 동기에 의해 결집의 기초를 갖추어야 한다. 그러한 동기들은 임의적으로 선택될 수 없다. 그것들은 공식 조직의 파생 문제들에 긴밀하게 연계 된다.

파벌들은 조직된 공동생활의 위험과 기회를 둘러싸고 형성된다. 구체적으로 말하면, 행정에는 파벌 형성의 두 가지 욕구들이 있다. 만족하지 못하겠다는 마음을 표현하고 싶은 욕구와, 구성원들의 이익을 위해 전략적인 지원을 얻어내려는 욕구가 그것들이다. 파벌이 어떤 욕구에 주안점을 두는가에 따라서 불만족 파벌들과 전략적 파벌을 구별할 수 있다.

불만족 파벌들은 행정 생활에서 가지게 된 부정적인 인상들과 개인적인 실망들을 지나치게 강하게 해석한다. 그런 파벌의 구성원들은 부정적인 것들을 강조하기 위해 새로운 재료들을 투입해 넣는다. 즉 그들이 만나면 늘 새롭게 조직에 대한 불만을 중심으로 하여 합의에 이를 수 있다. 그래서 승진 탈락자들은 탈락에도 불구하고 사람들과의 긴밀한 관계 속에서 기가 죽지 않을 수 있으며, 비교적 단순한 방식으로 언짢은 마음을 털어낼 수 있다.

불만족 파벌들이 외부에 대해 거의 야망을 드러내지 않거나 심지어 전투적인 경향을 취하는 반면, 전략적 파벌들은 쌍방의 이해를 적극적으로 서로 지원하면서, 특히 서로를 위해 유용한 정보들의 교환이나 개인적인 관계들을 최대한 활용하는 데서 결집의 근거를 발견한다. 그들은 파벌 구성원들의 명성과 행동 능력에 가치를 두며, 어떤 경우에는 지도자들과의 협상에서 동일체 원칙에 따라 행위할 수 있게 해 주는 일정한 내적 구조를 갖춘다.

## 집단 고유 질서에의 접근들

### 소속 의식과 구성원 교체
넓은 관점에서 보면 조직이론은 집단 개념을 교제

체계(Kontaktsystem) 개념으로 교체하는 데서 이득을 취할 수 있을 것이다. 교제체계 개념은 개인적인 관계들뿐만 아니라, 자발적인 고유 법칙성과 성공하고 실패할 특수 조건들 하에 있는 회의, 통제 과정, 또는 의전을 갖춘 등장 같은 개별 상황들까지 파악할 수 있을 것이다. 그럼에도 불구하고 집단들은 좁은 의미에서 고유한 현상이다. 집단의 특수성은 일상적인 생활에서 사회적인 동일체(Einheit)로서 의식된다는 데에 있다. 집단들에 대한 의식적인 지향은 두 단계를 거쳐 형성된다. 그것은 첫 단계는 몇몇 개인들이 집단의 구성원으로 간주되고 다른 개인들은 그렇지 않음을 통해서, 둘째 단계로 구성원들이 점차 교체될 때에도 집단이 유지됨으로써 형성된다.

행정 내에서의 집단은 이 전제조건들을 부분적으로만 충족시키며, 규모에 비례하여 충족시킨다. 업무 집단들은 공식 조직을 통해 구성원 자격의 분명한 기준들을 보장 받으며, 구성원의 교체에도 불구하고 존속할 수 있도록 보장 받는다. 업무 집단들은 완전한 의미에서 집단이기는 하지만, 그럼에도 불구하고 그 집단 내에서는 구성원 자격 자체를 결정할 수 없어서, 고유한 규범을 설정하고 관찰시킬 가능성에 상당한 제한을 받는다. 파벌들은 완전한 효과를 발휘하는 집단의식에 도달하는 경우가 거의 없으며, 여기서 말하는 집단의식은 구체적인 개인들에 대한 지향을 통해 대체될 수 있다. 파벌들은 이름이 없다. 파벌들의 경계는 분명하게 그려져 있지 않다. 파벌이 시야에 드러날 경우에는, 몇몇 구성원들이 그 파벌에 속할 것이라고 생각될 수도 있다. 다른 구성원들의 경우에는 그들이 그 파벌에 어느 정도로 참여하며 어떤 형식으로 참여하는지가 불분명하다. 그 구성원들은 몇몇 상황에서는 파벌에 속하는 것으로 생각되지만 다른 상황에서는 그렇지 않은 것으로 생각된다. 또한 파벌은 명성과 추진력 있는 구성원들의 상실을 감당해내지 못하기도 한다. 그리고 새로운 구성원들은 파벌이 지금까지의 상태를 유지하지 못하게, 파벌의 성격을 바꿀 수도 있다.

## 규범 형성

행정의 모든 구성원들은 — 그렇지 않으면 구성원 자격을 상실할 수 있기 때문에, — 공식적으로 타당한 규범들을 준수하지는 않더라도 존중해야 한다. 그밖에도 모든 종류의 교제체계(특히 업무 집단들과 파벌들)는 공식적으로 확정되지 않은 행동 영역에서 서로로부터 무엇을 기대할 수 있는지를 규제하는, 자발적으로 형성된 규범들을 가지고 있다. 유순한 어투와 쌍방 지원 및 그 한계에 관한 규범들, 발설, 특별한 비밀을 슬쩍 알려 줌, 과다 근무와 과소 근무를 금하는 규범들, 어떤 정도까지 비공식적이며 의무감 없이 협상할 수 있는지, 언제 그리고 어떻게 서로에 대해 실수와 위험을 경고하는지, 언제 껄끄러운 사실들을 "인지해야" 하며, 다른 기획들을 한 번 더 묻지 않은 채 교정해야 하는지의 여부와 규모에 관한 규범들과 공동 협력의 세부 내용까지 관련되는 기타 규칙들이 있다. 이 규범들은 일종의 최고 비공식적 법칙에 의해 공식 질서에 근거를 두고 있다. 그 공식 질서는 조직의 어떤 구성원도 자신의 행동을 공식적으로 보증할 수 있는 경우에는 비난받아서는 안 된다는 것이다.

   자발적으로 형성된 그런 규범들은 모든 행정에서 발견할 수 있다. 하지만 자발적인 규범들은 직책에 따라 타당한 규범들이 정당성의 독점을 요구한다는 점으로 인해 관철 가능성의 제한을 받는다. 비공식 규범들은 기록하여 유지될 수 있는 것이 아니다. 비공식 규범들로 지탱되는 집단들이 체계 내 구성원 자격을 활용할 수 없을 경우 상황은 더욱 악화된다. 그 집단들은 자신들의 규범을 무시하고 배척하는 사람들이 공식적으로는 아무런 개인적인 하자를 드러내지 않으면, 그들을 업무 영역에서 배제할 수 없다. 집단들은 동료들 간의 지원이나 파벌 구성원들이 누리는 특혜를 박탈하고 그를 모략할 수는 있지만, 그가 능력 있고 공적 보장이 잘 된 사람인 경우에는 그렇게 하는 것은 별 도움이 되지 않는다.

### 명성과 지도

규범적 행동기대들에서처럼 서열 질문에서도 결정에 합당한 근거들과 자발적인 근거들 사이의 차이, 공식적 타당성과 비공식적 타당성 사이의 차이가 있다. 직책의 서열 질서는 직위 서열을 통해 구조화되어 있다. 누구나 결정을 통해서만 교체될 수 있는 고정된 직위를 위계 내에서 갖추고 있다. 그밖에도 인간들 사이의 모든 관계에서처럼, 행정에서도 근본적인 서열 놀이, 즉 수많은 세련된 중간 서열들을 소수의 분명하게 분할된 위계 단계 안에 채워 넣을 수 있는 놀이가 있다.

근본적인 서열은 상황을 둘러싼 지배권 싸움에서 형성된다. 몇몇 인간들이 소질이나 정황들, 출신이나 우발을 통해 상황의 중심에 놓이고, 다른 참여자들의 시선을 차지하고, 그래서 상황의 특성을 정의하고 그러한 정의에 함의된 역할들을 다른 참여자들에게 할당할 수 있게 된다. 오랜 기간에 걸친 협력에서 이러한 종류의 서열 격차는 사회적으로 가시화되고 참여자들에 의해 기대되기에 이른다. 그러면 집단들은 비공식적 지도 기능들과 결정 기능들을 명성 있는 서열 담지자들에게 넘겨주어 서열을 견고화하는 역할을 획득하도록 도와줄 수 있다.

명성 있는 서열 담지자들이 항상 자기주장을 관철할 수 있는 것은 아니다. 그들은 전형적으로 유일한 지배의 역할로 인정된 결정 능력을 가지고 있지 않다. 권위와 복종은 공식적인 조직에서처럼 구성원 자격 조건들로서 고정되어 있지 않다. 특별한 상황에서 주변의 개인들이 특별한 정보를 소유했거나 특수한 관계들을 유지한 결과 매력적인 활동의 기회를 누리는 경우들은 쉽게 볼 수 있다. 물론 동료 간의 평등 또한 비공식적 지도자들에게 권력이 집중되지 못하게 막는다. 결국에는 행정에서 다양한 승진 가능성 덕분에, 뚜렷해지는 비공식적 명성은 신속하게 공식적으로 수용되어 지원되고, 그럼으로써 더 높은 단계에서 다시 균등해진다. 행정에서는 이 관점들이 거의 해당되지 않는 생산 조직에서와는 달리, 지속적인 비공식 지도가 별로 이루어지지 않는다. 행정에서는 집단의 내부 지도는 공식 서열에 기초하여 이루어진다.

## 집단의 외부 접촉에서의 면밀성

자발적 규범 형성에서 중요해지는 개별 주제가 하나 있다. 그것은 집단들 서로 간의 외부 접촉에서의 면밀성이라는 주제이다. 우리는 이미 행정의 외부 경계와 관련해 좋은 동료 관계라는 유사 원리를 언급한 적이 있다. 우리는 여기서 같은 문제를 행정의 내부 경계 문제에서 다시 발견할 수 있다.

업무 집단들과 파벌들은 조직 내 생활을 감당할 만한

정도로 형성하기 위해 공식 규범으로부터 일탈해야 하는 경우에, 스스로를 어떻게 서술할 것인지의 문제를 갖게 된다. 그렇게 되면 특별히 신뢰할 만한 가치가 없는 동료들에게서나 상사들에게서조차 소통들이 특수한 여과를 거치는 것이 중요해진다.

모든 구성원들은 그러한 내적 소통 필터들이 근거가 없는 생각들의 교환을 공적 결정 이전에 방해하기 때문에, 자기 생각들이 걸러져 탈락되지 않도록 씨름한다. 하지만 우리는 현실로부터 생각할 자료를 얻는다. 모든 사회적 체계들이 활발하게 유지되려면, 그 체계가 통합과 정당화에 필요로 하는 것보다 더 많은 정보를 소유하여야 한다. 그리고 그것은 개별 인간이 자신이 소유하고 사용하는 일정한 정보들이 자기 개성(Persönlichkeit)의 다른 부분에 접근하지 못하도록 무의식적으로 억압하는 것과 같은 원리에서 그렇다.

### 공고화의 한계들

그럼에도 불구하고 공식조직은 의도되지 않은 비공식적 구조물의 반대편에서 지배권을 장악하고 있다. 왜냐하면 공식 조직은 모든 구성원들이 현재 구성원이며 앞으로도 구성원 자격을 유지하고자 한다면 반드시 인정해야 할 결정적인 규범을 설정하기 때문이다. 공식 조직은 폐쇄적인 규범 구조의 관철을 위해 가장 중요한 도구를 가지고 있다. 그 중요한 도구란 가입 결정들과 탈퇴 결정들에 관한 권한이다.

자신의 이해 영역에서 구성원 자격을 효과적으로 사용하지 못하고 집단 규범을 침해하고 무시함으로써 폄하하는 개인들과 협력해야 하는 비공식 집단들은 처음부터 날개가 잘린 채 세계에 나타난다. 그 집단들은 개인들의 가입과 탈퇴를 동기화하는 구성원 자격의 장점들을 통제할 능력이 없다. 비공식 집단들은 협회들이 협회 자격으로 행정에서 탈퇴할 수 있는 것과는 달리, 집단 자격으로 행정에서 "탈퇴할" 수 없다. 비공식 집단들은 가입 결정과 탈퇴 결정들을 위해 확정된 전제들의 뚜렷한 윤곽을 자신들의 행동 기대들에 부여할 능력조차 없다. 그래서 그 집단들의 규범, 역할 분배, 제재들은 갈등이 발생할 경우 힘을 갖지 못한다. 사람들은 편안함과 그들이 좋아하는 평화를 위해서 집단을 유의미한 작업도구로서 사용하고자 하기에 집단들의 기대에 복종할 뿐이다. 하지만 이 모든 것은 우리가 제각기 다른 이유들로 행정 구성원의 자격을 유지할 수 있을 때에만 그렇다.

## 자발적 질서의 기능들

### 업무 과제에 대한 분명한 관련의 부재

우리는 이미 위에서 업무 과제들이 행정 내부의 기대와 행위라는 완벽한 현실로부터 이끌어낸 하나의 단편이라는 점을 지적했다. 자발적 질서는 이 단편을 인간 행위의 협력 체계라는 전체 틀에 끼워 넣는 데에 기여한다.

고전적 조직론은 과제 실행을 위해 필수적인 모든 것을 수단으로서 표현하고 그렇게 함으로써 그 수단을 과제들에 종속시킬 수 있다고 믿었다. 그것은 순수하게 논리적으로는 옳지만, 조직 내 실제 행동을 이해하는데는 별 도움이 되지 않으며, 그래서 과학적으로 만족스럽지도 못하다. 인간들 간의 공동 협력은 아주 복잡한 요구들을 만족시켜야 한다. 그 요구들은 성공적이고자 하며 체계에서 지속적인 협력 기반을 확보하고자 할 경우에 하나의 유일한 목적 공식으로 표현될 수 없는 요구들이다. 구체적인 목적들과 부속 과제 군(群)들을 조직의 원칙으로서 선언하고 그 원칙을 추구하는 것이 전적으로 유의미할 수 있다. 하지만 그렇게 하는 것은 동시에, 그러한 과제들과 조화를 이루지 못하는 욕구들이 함께 충족되어야 한다는 것을 은폐한다. 그래서 [수단-]목적[의 합리성] 원칙은 행정행위의 규범 가운데 하나이기는 하지만, 행정 현실의 이론을 제공하는 것은 아니다.

행정체계 내에서의 자발적 질서의 기능들은 목적을 위한 수단으로서 파악될 수 없다. 자발적 질서들은 일방적인 지향이 집중된 가운데 완전히 특수한 성과들에 맞추어져야 하며 그러한 조건들 하에서 인간들이 협력해야 할 때 생겨나는 파생 문제들과 결부된다. 산업국가들의 행정처럼 그렇게 예리한 성과 요구들 하에 있지 않았으며 오직 자신들의 고유한 사회적 특권만을 관리했던 관료제들, 예를 들어 과거 태국의 관료제들은 공식적 행위에서 비공식적 질서들이 불필요할 정도의 편안함을 느꼈다. 이 비교는 역으로 보면, 우리가 공식적 행위와 그 행위의 사회질서에서 일방적인 부담을 갖고 있다는 점과, 합리적으로 구조화된 성과체계의 보상 과정을 예상하고 있다는 점을 입증한다.

## 정당화될 수 없는 과제들의 충족

자발적 행위들은 특별한 후속 문제들의 해결에 적절하게 사용될 수 있다. 그 문제들은 의미가 해석될 수 없거나 비밀스런 관계에서만 해석될 수 있기 때문에, 업무 과제에서 불가피하게 생겨나기는 하지만 과제들의 이념과 일치될 수는 없는 문제들이다. 자발적 행위들은 행동의 어려움으로서, 비밀처방으로서 또는 사업을 용이하게 하는 인위적인 제어로서, 종종 개인들이나 직업 집단들, 예를 들어 법조인들, 사무실 관료들, 도시 계획가들의 "속성들"로서 의식되며, 많건 적건 왜곡되고 불투명한 형식으로 시야에 나타난다. 그러한 외견상 불필요한 부담들과 매일 씨름해야 하는 자발적 행위의 기능들은 대개 잠재적인 상태로 유지된다. 그리고 업무 과제의 타당한 이데올로기는 그 과정에서 보호 받는다.

우리는 자발적 행위가 지닌 잠재적인 기능을 발견하고자 모색하면, 두 가지 이유들에 근본적으로 직면하게 된다. 그것들은 과제 충족과 체계 서술의 괴리 및 조직 관심과 개성 관심 간의 괴리이다.

## 불확실성의 흡수

 좋은 결정들이 생산되기 위해서는, 결정의 텍스트 자체에서 가시화될 수 있는 것보다 더 집중적인 소통들이 전제되어야 한다. 그래서 원래 완전한 책임을 갖는 중간 결정들의 사슬로만 구성되는 공식 소통의 경로는 어려운 결정들의 현실적인 협력들을 성사시키기 위해서는 충분하지 않다. 대화는 필수적인 행정 수단이다. 하지만 대화의 활기와 생산성은 정보 소유, 지성, 파트너의 세련된 표현에만 달려 있는 것이 아니라, 일정한 사회적인 조건들에 의존하기도 한다. 특히 대화는 신뢰와 자발적으로 체험된 행동 규약으로 인해 활기를 띠고 유용해진다.

 의견 교환의 준비 단계에서는 어떤 결정도 눈에 보이는 것처럼 그렇게 확실하지 않다는 사실을 충분히 감안하여야 한다. 즉 행정에 의해 활용될 수 있거나 경비를 많이 들이지 않고 조달할 수 있는 정보가 궁극적인 확실성을 보장하기에는 충분하지 못하다는 사실을 고려하여야 한다. 그래서 자발적인 토론은 행정에서 도달할 수 있는 모든 정보들과 발상들을 자극하여 결집하는 의미만 갖는 것은 아니다. 그밖에도 자발적인 토론은 합의 구축과 합리적 결정 기법을 통해 보충할 수 없는 불가피한 여분을 흡수하는 데에 기여한다.[5]

## 갈등의 흡수

공식 모형도에 따르면 행정 내의 모든 갈등들은 공식적으로 조직 차원의 결정을 통해 해결이 시도될 수 있고, 그렇게 결정을 통해 해결이 시도되어야 한다. 합리적인 주장에 근거한 해법을 발견할 수 없을 때에는, 그 갈등의 담당자인 직속 상사에게 결정의 소임이 맡겨진다. 그러한 공식 논쟁들은 공개적으로

---

[5] 결정이 프로그램화되어 있지 않거나 충분히 세부적으로 프로그램화될 수 없다는 점에서, 비합리적인 결정 토대에 대한 요구는 커지게 된다. 그 요구는 상위 기관에서, 특히 행정의 수뇌부에서 거의 지속적으로 감지될 수 있으며, 구체적으로 말하면 행정이 신속하게 바뀌는 환경 조건에 결정을 맞추어야 할 때, 예를 들어 정치적으로 노출된 행정 갈래에서 결정을 내려야 하는 곳에서 부각된다.

실행된다. 개인적 목표들을 조직의 목표들과 연결 지어 생각할 수 있는 사람, 신뢰할 만한 주장들의 공급 지점에서 그런 주장들에 접할 수 있는 기술을 가진 사람은 그런 갈등 상황에서 자기 진로를 개척할 수도 있다. 하지만 의견이 양분되는 모든 경우들을 업무처리 경로에서 고려하는 것은 사실상 불가능한 일이다. 몇 가지 주제들에서 가능한 경우들을 업무 상 고려하기란 너무 까다롭다. 예를 들어 동료의 승진 배경에 의심을 품거나, 그 동료의 정보원에게 불분명하지만 의심스런 요인들이 있다는 것을 논의하려는 경우에 그러하다. 그리고 업무에 맞는 갈등의 재료조차도, 그런 재료가 여과 없이 그대로 담당처에 도착할 때는 업무를 다시 복원될 수 없을 정도로 마비시킬 것이다.

조직은 업무처리 경로의 부담을 덜기 위해 [갈등에 대한 조직 차원의 결정] 직전에 동료들과 상호 이해를 시도하는 공식 의무를 구성원들에게 부여한다. 이 순간에 벌써 비공식 갈등 해결 방법들이 역할을 수행한다. 충분한 정보를 제공하지 않기, 순진하게 믿는 사람들의 뒷통수치기, 부재와 대리[를 통한 의사 표현 방식]을 활용하는 방법이 통용된다. 또한 반대급부를 제공하거나, 근본적으로 사적인 서열 관계를 구축하여 상황을 지배하거나, 평소 좋은 업무 관계를 유지하여 파트너의 바람을 더 이상 들어줄 수 없을 경우에도 도저히 거절하지 못하게 만드는 방법들이 있다.

그밖에도 예방적인 갈등 처리의 예측 형식들, 즉 있을 법한 반대자들이 어떤 특정한 지위에 이르거나 그 지위를 오래 점유하지 못하게 하거나, 그들의 능력들, 수단들 또는 상사에게 접근하는 것을 제한하는 사전 조치들이 있다. 그 모든 것은 대립의 최종적인 경로로서의 업무처리 경로 자체를 제거할 수는 없다. 하지만 그 모든 것은 업무처리 과정에서 경로 부담을 덜어주고 상당한 갈등 재료를 흡수하여, 그 경로가 매우 빈번하게 이미 협상된 합의들의 비준이나 이미 도달된 승리의 형식적인 입증에 사용되도록 만들 수도 있다.

비공식 갈등은 거친 분쟁과는 전혀 다르다. 비공식 갈등은 몇 가지 갈등이 극단적인 감정을 가지고 전체 질서로부터 부각되는 경우가 있기는 하지만 전체 질서를 해치지는 않는다. 비공식 갈등은 자발적으로 형성되는 표적으로 인해 그리고 특히 반대자와의 협동이 속행되어야 한다는 필연성으로 인해 규율을 지켜야 한다. 여기서도 모두가 자신의 구성원 자격의 최소 조건들을 존중해야 한다는 점이 최상의 규칙이 된다. 그리고 이 사실은 정황에 따라서 전략적인 장점으로서, 장애로서 또는 함정으로서 드러날 수 있다.

이 규칙은 비공식 갈등들이 숨겨진 채 실행되어야 하는 결과를 낳는다. 그런 갈등의 비가시성은 두 가지 중요한 장점들이 있다. 열세에 처한 사람들은 비가시성 덕분에 명예 손상을 감수하지 않고서도 자기 자리를 유지할 수 있다. 열세에 처한 사람들은 마치 아무 일도 없었다는 듯이 행동할 수 있다. 그리고 공식적으로 존재를 인정할 필요가 없는 일련의 갈등 해결 기법들은 비가시성으로 인해 행정 내에서 효과를 발휘할 수도 있다.

### 개인적 적응을 용이하게 함

마지막으로 자발적 질서는 공식적으로 규제되며 철저하게 합리화된 행정의 업무 질서에 개인적으로 쉽게 적응할 수 있도록 도와준다.

개인은 조직에 대해 적응 전략을 선택하든, 화려하며 멀리서도 보이는 지위를 획득하는 전략을 선택하든, 도처에서 공동 체험, 인정, 지원, 또는 반대라는 보완적인 역할을 수행해야 한다. 적응 전략의 보기로는 비밀스레 휴식을 즐기며 개인적인 관심을 감춘 채 의무를 충족시키는 전략, 업무 영역에서 개인적인 강조점 두기, 방의 장식, 업무의 사안에 걸맞는 단정한 자기서술, 선행을 베풀어 상대가 감사 의무를 느끼게 하는 전략 등을 꼽을 수 있다. 자발적 질서는 이러한 업무를 수행할 때 부수적 역할의 보완성을 보장하며, 개인적으로 행위할 때 어떤 반응이 있었음을 자각하지 못할 수 있다.

# 아래로부터의 감시 또는
# 상사 조종 기술

## I.

 아래로부터의 감시. 이것은 새로운 단어, 희귀한 주제이다. 그래서 내가 어떻게 — 다른 문제가 아니라 — 이 문제를 다루게 되었는지에 관해 몇 가지 이유를 먼저 말해두고자 한다. 나는 상사가 직무 범위를 결정하기만 했을 뿐, 그 결정에서 비롯되는 업무들에 대해 상사의 직접 통제를 받지 않는 근무 조건 하에 일한 경력이 있다. 그 당시 나는 어떤 것이 결여되어 있음을 느꼈다. 가끔씩 기대어 속마음을 털어 놓을 수 있는 강한 지탱처가 아쉽기만 했던 것이 아니었다. 상사들은 부하직원들에게 보호처와 위로 이상의 어떤 기능을 가지고 있다. 상사들은 부하 직원들이 계획들과 의도들을 관철시켜 나갈 때 다양하게 사용할 수 있는 주요 도구이다. 상사 없이 살아가는 사람은 ― 그가 활동적이면 활동적일수록 ― 광범위하게 흩어진 수많은 관계들 속에서 외롭게 자기 길을 개척해야 한다.

상사가 있는 사람은 부단히 교체되는 수많은 중간 인물(Person)들에게 정력과 시간을 낭비하는 외부 접촉 없이, 바로 자신의 직속 상사와의 접촉에만 집중할 수 있다. 그는 정신과 기술을 이른바 한 지점에 집중적으로 투입하여 상사와의 관계 개선을 도모하고는, 이 관계에 근거해 그 능력을 사용할 수 있다. 물론 그렇게 한다고 하여 상사가 화를 내는 경우를 줄일 수 있는 것은 아니다. 물론 가끔씩은 위험들이 한꺼번에 몰려 일어나기도 한다. 몇몇 상사들은 너무 비협조적이며, 너무 까다롭거나 너무 서툴러서, 실무를 직접 처리하는 것이 더 나을지도 모른다. 하지만 이러한 개인적인 면을 제외하면 구조적으로 조건지어진 수많은 후속 변수들이 있는 것으로 보인다. 그 변수들은 탐구되지 않았지만 상사와의 접촉에서 의미와 성공의 근거가 되는 변수들로 취할 수 있다.

나의 둘째 동기는 다음과 같다. 나는 지위를 빌미로 하여 특권을 누리는 상사들을 연구를 통해 지원하고 리더십 강좌를 통해 즐겁게 해주는 반면, 특권을 박탈당한 부하직원들에게는 그 반대로 어떤 도움도 주지 않는 적정 기술(technique)을 마련하는 것이 구조적으로 부당하다고 생각한다. 이때 상사와 접촉한다는 것은 부하직원과 접촉하는 것보다 결코 더 단순하지 않다. 틀림없이 어떤 과학적 분석도 부하직원이 가끔씩 상사를 두려워하지 않아도 되도록 막아주지는 못할 것이다. 그러나 우리는 과학적 분석을 통해, 부하직원들이 단순히 두려움을 느끼기보다 현실적으로 올바른 결론을 이끌어낼 수 있을 것으로 생각하게 할 수는 있을 것이다.

마지막으로 나는 다음과 같은 동기에서 이 주제에 관심을 갖게 되었다. 이 주제 분야에서는 관련 문헌도 경험 연구도 없다. 그러므로 어쩌면 부하직원들이 상사들을 다루는 방식에 관해 침묵할 좋은 핑계거리가 될 수도 있다. 그러나 나는 이 주제에 활용할 가치가 있는 일련의 통찰들이 일반 사회학적 조직 연구 내에 있다는 것을 독자 여러분께 보여줄 수 있기를 희망한다. 그래서 나는 이 주제를 가지고 상당히 추상적이면서도 이론적으로 접근하는, 조직분석의 가용 자원으로 활용할 수 있을 중요한 통찰을 매개할 수 있다고 생각한다. 이것이 이 글을 쓰는 나의 셋째 동기이자, 사실상의 중심 동기이다.

## II.

위계 질서는 판단이나 심지어 인지 자체를 왜곡시키는 효과를 갖는다. 대표의 집무실 문은 평범한 직원이 근무하는 방의 문과 달라 보인다. 집무실 문을 통해 우리는 막 은퇴한 국가 원수가 더 이상 직위를 보유하고 있지 않다는 것을 곧바로 눈치 챌 수 있다. 우리는 구조에 의해 조건화된 이러한 직접적인 인상으로부터 거리를 두어야 한다. 그 경우에는 상사가 벌거숭이 임금님이라고 생각하는 것이 도움이 된다.

의도적으로 결정을 내릴 수 있기 위해 얼마만큼의 시간과 어떤 능력을 필요로 하는지를 질문하는 것은, 추상적인 발상을 하기 때문에 유용한 일이 된다. 그것은 현대 조직 이론의 핵심 출발점이다. 의식의 결핍, 그것은 확장 능력이 없는 인류학적 상수이다. 상사들 역시 이런 엄격한 법칙의 예외가 될 수 없다. 상사들의 집중력 또한 한계가 있다. 상사들의 하루도 24시간이다. 위계 질서 속에서 승진하여 높은 자리를 차지했다고 해서 더 많은 집중 능력을 얻지는 못한다. 이 지점으로부터 위계의 전형적인 구조를 고찰한다면, 순수하게 능력의 관점에서 본다면 의식적인 결정 능력의 주안점은 틀림없이 위계의 아래 부분에 놓여 있고, 위계의 위로 올라갈수록 시간과 집중력이 약화된다는 것이 분명해진다.

III.

그 정도는 일반적으로 타당한 내용이다. 이제 특별히 어떤 부하직원의 지위와 관점을 상세하게 다루려면,

일단은 그 부하직원의 목표를 질문해야 할 것이다. 여기서는 대략적으로 두 가지를 구별해 두어야 한다. 한편으로는 자기서술의 목표가 있다. 우리는 스스로 도달하고자 하는 이상적인 모습으로 다른 사람들에게 비추어지기를 노력한다. 장기적으로 보자면, 우리는 희망하는 여러 모습을 가능하게 하는 지위에 도달하기 위한 준비조치로서, 고유한 경력을 가꾸겠다는 우리의 관심에 대한 지원을 받기 위해 애쓴다.

둘째, 결정 영향의 전략이 있다. 부하직원의 지위에서는 특정한 관심들이 형성된다. 자기 업무 분야, 자기 부서에 대한 관심도 있지만, 결정에 충분한 시간, 비판적인 변수들의 통제, 일에 관련된 세부적인 이야기를 모두 할 수 있고 실수했을 때 변명할 소중한 기회에 대한 관심도 있다. 이 모든 것은 부하직원이 일반적으로 결정에 영향을 미칠 수 있을 때만 실현할 수 있는 관심들이다. 이 관심들은 많건 적건 특수한 과제들과 밀접하게 연관될 수 있다.

자기서술과 결정 영향이라는 두 가지 목표 군(群)들은 이제 다음 두 질문을 통해 제기될 수 있다. 그 둘은 어느 정도로, 하나의 목표의 추구가 다른 목표의 추구를 함께 진작하고 그 역도 가능하다는 의미에서 통합되어 있는가? 그리고 둘째, 어떤 사람들이 이 전략들의 주요 관객인가? 상사가 자기서술과 결정 영향 둘을 위해 주요 관객인가? 아니면 동료들이 관객인가? 아니면 자신의 부하직원인가? 개인으로서의 상사가 주요 관객이 된다는 점에서, 목표 군들의 통합 역시 성공적이다. 상사가 개인으로서 관객이 되는 경우에만 자기서술과 결정 영향이 합쳐진다. 하지만 다른 경우라 하더라도 통합은 배제되지는 않지만, 더 많은 문제를 초래한다.

## IV.

(이제 우리는 권력 관계들을 다룰 것이다.) 여기서도 위계의 경우에서처럼 일단은 달리 보이는 상황을 바로 잡는 것이 중요하다. 처음에는 다음처럼 생각을 진행해 나갈 것이다. 상사와 부하직원의 관계에서 권력은 상사에게 있다. 적어도 주도 권력은 그렇다. 하지만 사정이 항상 그러한 것은 아니며, 적어도 후속

조사 없이 선입견에 따라 결정되어서는 안 될 일이다.

일단은 권력이론의 까다로움에도 불구하고 상사와 부하직원의 권력 관계가 일방적인 것만은 아니라는 점을 고려하는 적절한 권력 개념을 발견해야 한다. 나는 권력 개념을 선택 성과의 전달 과정에 근거하여 파악하고자 한다. 다음의 제한적인 조건들에 주의할 일이다. 선택과 전달은 결정을 통해 실행되며, 수용은 회피하기 위한 대안들과 관련하여 일어난다. 부하직원들은 제재를 피하고자 하기에 대안을 수용하며, 상사는 고유한 판단을 형성하는 대안이 너무 소모적이기에 수용한다. 그에 따르면 상사가 부하직원에 대해 권력을 소유할 수 있을 뿐만 아니라, 부하 직원도 상사를 상대로 하여 권력을 가질 수 있다는 것이 분명해진다.

체계 내 권력에 관해서는 조직사회학자들이 오래전부터 인지하고 있지만, 아직 위계 모델을 통해 명료하게 구별되어 있지 않다. 조직사회학자들이 오래전부터 체계 내 권력을 아는 것치고는, 상호적 권력 관계들에 대해서는 아직 정확하게 이해하지 못하고 있다. 고전 권력이론은 신체의 힘이라는 구상을 지향하고 있다. 즉 서로 봉쇄된 상황의 제거가 관건이다. 더 많은 권력을 가진 사람은 갈등에서 이기기 때문에 혼자서만 권력을 가진다는 것이다. 그러나 이와는 달리 이 방식으로 계산 할 수 없는 다양한 종류의 권력 원천들이 있다는 것을 깨달아야 한다.

상사의 권력은 규정에 부합하게 갈등을 결정할 가능성에 근거한다. 즉 상사는 부하직원에게 구성원 자격의 대안이 무엇인지를 생각해보도록 넌지시 암시함에 근거하여 권력을 가진다. 그는 해고를 빌미로 하여 부하직원을 협박할 가능성을 가진다는 점에 근거해 권력을 누린다. [반면] 부하직원의 권력은 상사의 결정 상황의 복잡성에 근거한다. 상사는 결정에서 도움을 필요로 하며 사전 분류에 의존한다. 부하직원이 모든 문제들을 [시시콜콜] 보고한다면 상사는 결정을 내리지 못할 것이다. 역설적으로 상사에 대한 부하직원의 권력은 공식 조직, 즉 상사의 과제들과 책임성, 지도 차원의 결정들을 만들어낼 수 있는 부하직원의 권력에 근거한다.

그밖에도 권력은 물론 개별 경우에 상이하게 배분되어 있다. 권력 배분은 복잡성 정도와 상사의 결정 상황의 불확실성에 달려 있으며, 상사가 공식 결정을 통해 성과들을 보장할 수 있는 규모에 달려 있다.

독자들은 이 분석을 이해하고자 한다면 약간 특이한 테제와 친숙해질 필요가 있다. 즉 권력은 협력의 형식에서만 효과적으로 작용하지 갈등의 형식으로 효과를 발휘하지는 못한다. 선택 성과의 전달, 공동 결정 과정이 관건이다. 실제로는 상사와 부하직원의 공개적인 갈등은 드물며, 항상 이것은 권력 관계의 붕괴를 함의한다. 권력은 신뢰에 기초한 협력을 통해, 양편에서 상승할 수 있다. 이와 달리 태업은 정치적으로만 유의미하지 관료체계 내에서는 참여자들의 권력을 상승시키지 못한다. 그러한 체계는 양 편이 특별히 상대방에 대해 자신의 권력을 유지하고자 하는 관심에서 그 사람의 권력을 보호하고 유의함으로써 자기안정적인 상태가 된다.

나는 이제 두 가지 큰 주제를 가지고 있지만, 여기에 많은 시간을 할애할 수 없다. 일단은 나는 (상사와 부하직원 사이의) 관계를 위해 중요한 체계 변수들 몇 가지를 소개하고자 한다(V). 그 다음에 상황들과 그것들의 전략적 가능성들, 즉 상사와 부하직원 간의 관계가 형태를 획득하고 고유한 역사를 생산하고 상황에 따라서는 되돌릴 수 있는 형식들을 획득할 가능성들을 분석해 보겠다(Ⅵ.). 일단은 중요한 구조적 변수들을 개관하겠다.

## V.

외부 접촉 기회를 배분한다는 것은 구조적 변수 가운데 하나로 볼 수 있다. 물론 투입과 산출의 정도에 따라 외부 접촉 기회의 배분이 구조적 변수가 된다. 어떤 위계적 층위에서 환경에까지 영향을 미칠 수 있으며, 어떤 층위에서 환경 — 추가 질문으로 어떤 환경 — 이 체계에 영향을 미치는가? 이 외부 관계들은 물론 상사와 부하직원의 긴장 관계에서 반영된다.

그 점과 관련된 것으로서 체계 내에서의 주도권(Initiative)의 배분에 관해 질문해야 한다. 이 배분은 외부 접촉과 상관관계에 있을 것이다. 왜냐하면 그렇지 않으면 잘못된 조직, 즉 환경 내에서의 체계의 균형 유지가 문제시되는 조직이 될 것이기 때문이다.

그리고 계속해서 발의들이 어느 정도로 결정에 근접하는지를 질문해야 한다. 발의를 통해 얼마만큼이 명시적으로 배제되는가? 발의들은 프로그램화되어 있는가? 또는 아닌가?

셋째 논점 — 외부 접촉과 발의의 권리 외에 — 은 체계 내의 중요한 문제인 불확실성을 어떻게 배분하느냐이다. 불확실성은 어떤 층위에서 흡수되는가? 계획을 수립해야 하는데도 그럴 능력이 없는 경우에는, 결정은 행정의 하위 단계로 미루어진다. 교육부나 발전지원청을 생각해보라. 책임은 아래로 미끄러져 내려간다. 결정들은 아래에서 이루어지고 상사들은 중개 기능에 축소되며, 그 결과 부하직원들은 [상사를 조종하여 그들로 하여금 결정을 내리도록 했다는 데서 느낄 수 있는] 권력의 기쁨을 누리기 보다는 [바로 그 일을 해내지 못했다고] 체념하게 된다.

그밖에도 부하직원들의 관계에 주의해야 한다. 상사 한 사람은 대개 부하직원을 여럿 거느리고 있다. 부하직원들이 상사와 관계를 맺기 시작하면, 그들이 서로 만나고 동료로서 인식하는 것은 거의 피할 수 없는 일이 된다. 여기서 어떤 관계가 작용하는가? 추측컨대 이것은 목표 구조와 밀접한 관계가 있다. 이것은 리더십 이론에서 큰 의미가 있으며, 아래로부터의 감시 이론을 위해 다듬어져야 하는 주제이다.

마지막 논점은 관계가 얼마나 오래 지속될 것인가의 문제와 관련된다. [관계를 맺기] 시작한다면 항구적으로 기대할 수 있는 것이 무엇인가? 사람들은 그런 상황에서 일반적으로 무엇을 기대할 수 있는가? 그리고 누가 전보나 승진 가능성이 더 큰가? 상사인가, 부하직원인가? 일반적으로 누가 누구를 학습시키는가?

이 모든 것을 함께 고찰하면, 의식의 한계에 관해 어떤 것을 알게 된다. 연관성들은 더 이상 개관할 수 없어질 뿐 아니라, 구체적 상황에서만 인식할 수 있다. 그러한 상황들을 분석하기 위해서 우리가 제시하는 도식(Schema)은 의심해야 할 모든 것을 상기시키는 목표의 목록으로서 기여한다. 여기서 우리는 물론 훨씬 멀리까지 내다보겠다는 이론적인 의도를 고수할 것이다.

# VI.

 이제 우리가 직면하는 상황들의 상대적인 독립성이라는 마지막 논점에 도달했다. 여기서도 내가 현재 제시할 수 있는 것보다 훨씬 많은 것이 이론적인 준비를 위해 필수적이다. 제도적으로 확정되었거나 심지어 철저하게 조직화된 모든 체계에서, 그럼에도 불구하고 많고 적음에 따라 개별 상황들이 일반적으로 상당한 자율성이 있다고 말하는 것으로 충분할 것이다. 그러한 거대조직을 분석한 사람은 그 분석을 통해 결코 상황까지 파악하고 있는 것은 아니다. 그는 자신의 지식을 여전히 "상황에 맞게 펼쳐 놓아야" 한다. 많은 참여자들이 관련된 상황들 역시 사회학적으로 분석 가능한 사회적 체계들이다. 사회학적으로 분석할 수 있는 "성공적인" 상황들도 있고 실패한 상황들도 있다. 그리고 독자들은 정확하게 살펴서 직접 관찰을 실행한다거나, 일정한 시간 동안 의도적인 실험들을 하게 된다면, 그러한 과정이 언급할 만한 규칙을 따른다는 것을 볼 수 있을 것이다.

 상황들 속의 성공 규칙들은 많건 적건 세련된 전략

을 위한 출발점이 되기도 한다. 나는 보기를 들어 그 점에 관해 설명하고자 한다.

높은 서열의 역할에 대한 공식 인정으로서 존중을 표현한다는 것이 중요하다. 여기서는 종종 노예근성의 문제를 우려하기도 한다. 하지만 존경을 한껏 드러내면서 무시를 표현할 수도 있다. 이해하고 있지 못하면서 오히려 지루하다고 표현함으로써 자신의 이해못함을 은폐하는 청중이 좋은 예이다. 최고의 대응은 예법이다. 우리는 다른 사람이 대우받고 싶어 하는 대로 그 사람을 대우하여야 한다. 즉 어떻게 자기 표현을 할 것인지의 의도를 생각을 통해 행위에 수용하여 성찰해야 한다. 그와 반대로 나는 무례함의 한계를 알고자 자주 실험을 시도해 보았지만, 별 도움이 되지는 않았다. 그런 시도는 사람들을 착각으로 유도할 수 있고, 안정적인 상황을 가볍게 동요시킬 수 있고, 어쩌면 너무 크게 방해가 되어서 껄끄러운 주제라 생각하여 더 이상 주목하지 않는 결과가 생겨날 수 있다. 무례함의 한계를 실험하는 것으로는 그 이상의 다른 변화를 만들어낼 수 없다.

우리는 자기만의 방식으로 자신을 표현할 자유가

전혀 없는 상황에 처한 사람에 대해 특별히 예절을 지켜야 한다. 마음대로 행동할 자유는 없지만 우위에 있으며 결정 권한을 가진 존재로서, 기품 있게 입장을 표현해야 하는 상사들에게는 특별히, 그런 상황들이 일상적으로 나타난다. 상사들이 지위가 불안한 부하 직원들을 함부로 대하는 것은 그들을 감정적으로 힘들게 만드는 데에 그치지 않는다. 상사가 예의를 지켜 대하지 않는 사람들은 그 조직사회 안에서 다른 사람들의 승인을 받지 못하게 된다. 그래서 상사는 훨씬 세련된 방식으로 행동해야 하는 것이다.

스타 역할과 감독 역할의 차이는 특수 문제가 된다. 그 차이는 가시적 영향들과 비가시적 영향들을 복잡하게 다루어낼 것을 요구한다. 그리고 회의는 하나의 특수 상황이다. 상사는 회의에 참여했을 때 조언을 듣지 못하는 조건에서 행동해야 한다. 상사는 비공개적인 조건에서 기술적인 세부 사항들을 넘겨 받을 수는 있지만, 중요한 정책 노선에 대해서는 그렇게 하지 못한다. 그리고 상사가 부지불식 간에 이 노선에서 이탈하는 일이 있을 수 있다. 또는 상황이 계획된 것과 전혀 다른 방식으로 발전한다. [1960년대

오스트리아의 코미디 영화], 챨리의 아주머니(Charley's Tante) 이야기처럼 된다. 일반적으로 고정된 처방이 있는 것은 아니지만, 작은 트릭과 큰 원칙 간에는 차이가 있다. 우리는 상사가 부하직원들에게 어떤 것을 기대할 수 있을 확실성을 가지고 있는 정도로, 개별 사례에서 상사를 조종할 수 있을 것이라고 확신할 수 없다. 우리는 상사를 긴 로프 위로 걸어가게 해야 하지만, 그가 가끔씩 이 로프 위에서 벗어나는 것까지 막을 수는 없는 것이다.

일반적인 상황으로 다시 돌아와 시간 구조에 관한 더 추상적인 고려들의 보기를 들어보겠다. (상사와 부하직원들 사이의 상호작용에서는) 주제에 따라 집중된 회합들이 있다. 그래서 매우 상이한 체험의 속도에도 불구하고, 체험의 동시화가 필수적이다. 어떤 사람은 너무 느리게 체험한다. 그런 사람은 실수할 위험이 있다. 어떤 사람은 체험이 너무 빠르다고 생각한다. 그 사람은 시간 압박 및 행위 압박에 처할 것이며, 정확한 방식으로 고려할 수 없으며, 자신이 무슨 짓을 했는지 항상 행동한 다음에야 뒤늦게 깨달을 수 있다.

시간의 분배는 재능에 의해서만 결정되는 사안이 아니라, 준비를 통해 수정될 수 있다. 유의해야 할 것은 바로 이 문제 때문에 상사는 시간을 사용할 의무를 가지게 된다는 것이다. 상사는 만남의 속도, 지속, 시점의 선택을 결정한다. 하지만 형식적인 권한은 항상 답답하다. 기민하게 생각하는 부하직원에게 늘상 "천천히 하라"는 말만 할 수는 없는 노릇이다. 상반되는 리듬을 선택하여 재촉하는 것은 부하직원들을 지치게 만들 것이다. 예를 들어 복잡한 표현 방식을 통해 작은 성과에 이를 수는 있을 것이다. 다른 사람이 이해할 때까지, 그는 이의를 제기할 시간을 놓치고 있는 것이다. 회의에 참석해 달라는 [부하직원들의] 요구에 대해 (예를 들어 [상사는] 다음처럼 말할 수 있다), "내가 회의에 참석하는 것이 필요한 일일지를 생각할 시간이 충분히 있을지 살펴보겠습니다."

## VII.

그러나 이 모든 것은 위험한 시도가 아닌가? 이런

식으로 모든 질서가 무너지지 않는가? 이런 식으로 모든 윤리적인 생각들을 포기해야 하며 기껏해야 단순히 분석적인 지성으로 대체하게 되지나 않는가?

   그 점에 대해서는 다음처럼 답할 수 있다. (1) 우리의 문제는 원칙에 대한 성실성에 있는 것이 아니라, 고도로 복잡한 사태들을 분석적으로 해명하는 데에 있다. 그렇게 하기 위해서는 [행정이나 조직에 대한] 진단 능력들이 개선되어야 하며, 조직의 상부보다 하부에 더 많은 시간과 능력이 있어야 한다. (2) 게임은 위계의 모든 층위에서, 즉 상사들이 존재하는 한에서 최상위에서도 이루어질 수 있다. (3) [상사와 부하직원들이 서로 간의 관계에서 자기 의중을 관철시키고자 하는] 게임은 투명해지자마자 원점으로 되돌려질 수 있다. (4) 마지막으로 체계는 매우 정당한 방식으로 스스로를 방어할 수 있다 ― 체계는 상사를 조종할 줄 아는 사람이 상사가 되게 하는 방식을 통해 그 일을 해낸다.

# 출처

## 신임 보스
"Der neue Boss", *Verwaltungsarchiv 53* (1962), 11-24.

## 자발적 질서 형성
"Spontane Ordnungsbildung", Fritz Morstein Marx in Verbindung mit Erich Becker und Carl Hermann Ule(Eds.) *Verwaltung. Eine einführende Darstellung*, Berlin 1965, 163-183.

## 아래로부터의 감시 또는 상사 조종 기술
"Unterwachung oder die Kunst, Vorgesetzte zu lenken", 지금까지 출간되지 않은 유고이며, 최초 출간을 위해 Jürgen Kaube가 편집하였다.

# 편집자 후기

위르겐 카우베(Jürgen Kaube)

　상사의 집무실을 중심으로 실제 어떤 일이 일어나도 그것을 분석하는 연구방법론은 거의 없다. 우리는 지도부 회의나 상사와의 비상 통화나 집무실 부속 대기실에서 일어나는 일에 대해 사회학적으로 주제화하지 못했다. 물론 우리는 기업의 행정 업무, 중간 매니저, 증권 투기자들과, 상사의 집무실이 있는 건물 수위 등의 주변적인 것들에 대해 전혀 모르는 것은 아니다.[1] 그러나 엘리트 연구는 엘리트 개념을 경제

---

1) Melville Dalton, *Man Who Manage. Fusions of Feeling and The-*

지도자들에 한정시킴으로써, 교회, 법원, 스포츠 협회, 정부 수뇌부의 수장들을 간과하는 약점이 있지만, 이 연구는 엘리트들이 사회적으로 어떻게 생성되는지를 알려주고 있다. 또한 우리는 위계, 권력, 관리 기능에 관해서도 충분히 알고 있다. 즉 우리는 보스를 중심에 둔 구조들에 관해 알고 있다. 하지만 우리는 조직 최정상이 겪는 행동의 문제들에 관해서는 별로 많은 것을 알고 있지 못하다. 그것을 알아내기에는 지금까지 참여관찰이 제대로 이루어지지 않았다. 인터뷰, 전기 또는 비슷한 보고서들은, 보고서 작성자들이 엘리트들의 비밀스런 내면을 쉽게 알아낼 수 없기 때문에, 그 문제들을 밝혀내기에는 적절하지 않다.[2] 또한 보스들이 자기 역할에 대해 깊이 고민하지 않는다는 점을 고려해야 한다. 물론 보스들은 다른 보스들을 관찰하는 데에 많은 시간을 투자하기는 하지만, 같은

---

*ory in Administration*, New York 1959; Tony Watson, *In Search of Management. Culture, Chaos and Control in Managerial Work*, London 1994; Karen Z. Ho, Liquidated. *An Ethnography of Wall Street*, Durham 2009; Peter Bearman, *Doormen*, Chicago 2005.

2) 직전에 Katharina Münk, *Und morgen bringe ich ihn um. Als Bossekretärin im Top-Managment*, Frankfurt-M. 2006.

경우에 처했을 때 자신이라면 어떻게 해나갈 것인지에 대해서만 주로 관심을 기울인다.[3] 이런 이유들로 인해, 우리는 "보스들이 실제로 무엇을 하는가"[4]라는 질문에 항상 직면하고 있고, 그 질문에 답하지 못하고 있다.

니클라스 루만도 보스는 아니었다. 하지만 루만은 보스가 아니었으면서도 어떻게 이 책을 펴낼 수 있었을까? 그밖에도 루만은 이 책의 논문 하나에서, 자신이 직속 상사가 없는 공무원 생활을 했으며 그것이 예외적인 경우였다고 회고한다. 또한 루만은 그 시기 동안 자기 인생에서 가장 오랫동안 지적인 탐구를 했다는 점도 첨언한다. 대학은 보스의 사회학을 발전시키는 데에 있어서 추가적인 인식 장애를 만들어 낸다. 왜냐하면 대학의 사회과학은 아직 그러한 보스사회학을 세부 전공으로 수립하지 못했기 때문이다.

---

3) 회장 집무실 사회학의 좋은 예외로서, Robert Jackall, *Moral Mazes, The World of Corporate Managers*, Oxford 1988을 참조할 것.

4) Stephen Marglin, "What Do Bosses Do? The Origin and Function of Hierarchy in Capitalist Production", *Review of Radical Political Economics 6* (1974), 60-112와 7 (1975), 20-37.

그럼에도 불구하고 이 논문들을 읽는 모든 사람들은 이 논문들의 경험적인 배경을 간파할 수 있다. 이 글들은 광범위한 분량의 조직사회학 필수 교재들에 담긴 것보다 더 많은 내용을 압축하고 있다. 그 논문들은 그 점에 있어서 루만의 기념비적인 저서인 『조직의 기능과 파생 문제들』(1964)과 마찬가지로 구축되어 있다. 그 논문들은 루만이 1954년부터 8년 동안 니더작센 주 교육부 공무원으로서 축적한 경험들과, 그 경험을 이론적으로 구성할 목적으로 사회학이론들을 탐색한 경험들도 압축적으로 다루어내고 있다. 우리는 다양한 방식으로 실행 가능한, 아래로부터의 감시 기법들을 생각할 수 있다. 그러한 감시 기법은 보스 교체가 임박할 때에 강렬해지는 행정의 신경과민과 고유한 업무 활동이 개인적으로 자기에게 귀속된다는 점에서 비롯되는 공무원들의 전략적인 행동성향, 보스가 평등한 소통을 통해 아래 사람들을 동료처럼 격의 없이 대하면서 역설적으로 자신은 다르다는 점을 과시한다는 점과 관련되어 있다. 아래로부터의 감시 기법은 그밖에도 결정 상황에서 복잡한 내용들을 알려줌으로써 상사가 이의제기를 하지 못하도록

할 가능성, 더 이상 존경을 표현하기 어려운 경우에 지루하다는 표정을 지음으로써 무시의 신호를 커뮤니케이션할 가능성 등과 관련되어 있다.

하지만 루만은 그런 인상들을 주변적인 논평으로 언급하기만 했을 뿐, 근대 조직에 허용된 역할 가능성들을 통해 그 문제들의 해법을 모색하지는 않았다. 루만은 명시적으로 조직의 하부 구성원들에게 유용하며 그런 점에서 하위 부서의 기업 조언을 가능하게 할, 상사조종 기술에 대한 강연 원고를 그 방향으로 확장시키지 않았다. 루만의 이 원고는 [유고로 묻혀 있었다가 이제야] 처음 출간된다. 루만은 이 책의 논문에서 한편으로는 산업기업과는 다른 공공 행정의 특수성들과, 다른 한편으로는 상사의 역할이 포함된 조직 구조들과는 다른 개별 상황들의 특수성들이 있다는 점을 환기시킨다. 하지만 이러한 루만의 지적들은 보스들과 그들의 직접 관련자들에 대한 구체적인 처방은 전혀 제시하지 않는다.

그래서 여기서 제출된 인식들로부터 실천적인 결론들을 이끌어내고자 한다면, 루만이 제안한 개념들을 수단으로 하여 자신이 처한 상황의 특수성을 먼

저 규정하고, 자신의 문제들과 해법을 스스로 찾아보아야 할 것이다. 루만 자신은 예를 들어, 조직 내부에서 일어나는 자기표현과 관련된 일로서, 소통이 이루어지는 영역들과 기계적으로 작업이 실행되는 영역들 간의 차이를 환기시킨다. 그밖에도 오늘날에는 공적인 위치에 있는 조직들과 보스들과, 언론매체의 관심을 별로 받지 않으며 그들 스스로도 언론매체에 관심을 갖지 않는 조직들과 보스들을 구별할 수 있다. 상당한 규제 밀도가 있는 다른 조직들은 상사와 동료들 간에 서로 결과를 예상 할 수 없는 상호작용 형식을 주된 업무 처리 경로로 취할 것을 권한다. 광고 대행사, 연극이나 신문들 등을 생각해 보라. 예컨대 예술 프로덕션이나 정당 지도부에서는 보스들과 그들의 카리스마를 존중하는 방식이 특별하게 규정되어 있다. 그곳에서는 보스가 개성을 드러내는 것이 역할 수행에서 기대되는 덕목으로서 인정되며, 그래서 보스들이 개성을 드러낼 것이 허용되지 않는 개별 협상이나 세무서와는 다른 방식으로 보스에 대한 존중을 표현한다.

  루만이 강조하는 것처럼 권력이라는 것이 갈등

형식으로서 행사되는 것이 아니라 협력 형식으로 행사될 수 있다면, 평평한 위계들은 보스 역할에 대하여, 긴 업무 경로를 거치는 경우와 다른 결과를 낳을 것이다. 즉 업무 경로가 짧은 경우에 결재권자는 더 많은 갈등을 처리하여야 할 것이다. 그러면 그는 그러한 갈등을 처리해야 하는 상황을 힘들게 느끼며, 그러한 일상적인 것에 대해서는 전혀 생각하지 않아도 되는 특수한 상황을 더욱 선호할 것이다. 왜냐하면 그렇게 함으로써 조직이 일상적인 상태에 있는지, 그리고 조직이 어느 정도의 부담을 견뎌낼 수 있을지를 일일이 확인하는 수고를 하지 않아도 되기 때문이다. 위계상으로 최고 지점이 있다는 것은 모든 구성원들의 승진 가능성[과 그로 인한 희망]과 관련된다. 또한 그런 최고 지점은 그것을 차지하려는 상사들과 상사들의 승진을 반대하는 사람들의 전략적인 행동 가능성들과 행동 전략을 실현시킬 재정적 지원 가능성에 결정적인 영향을 미친다.[5] 또한 우리는 루만이 전혀 보지

---

5) 매우 복합적이지만 오히려 말없이 Georges Perec, *Über die Kunst, seinen Boss anzusprechen und ihn um eine Gehaltserhöhung zu bitten*, Stuttgart 2010.

않았던 구조를 하나 생각해볼 수 있다. 즉 정점에 보스가 있는 것이 아니라, 복수의 동등한 서열이 있어서 모든 관할과 각각의 고유한 관할들이 합의, 무관심, 교환을 수단으로 하여 결정에 이를 수 있는 구조를 생각할 수 있다.

이러한 구조들과 같은 보기들은, 이 책에 실린 논문들의 분석 결과를 개별적으로 활용하는 것보다 이 논문에서 시도된 관점을 적용할 때에 실제로 더 큰 결실을 수확할 수 있다는 점을 분명히 보여준다. 루만은 이때 관건이 되는 관점들을, "역할", "비공식 소통", "위계" 같은 미국 사회학의 황금시대의 기본 개념들을 숙고하여 발전시켰다. "보스"라는 것이 역할이기도 하지만 보스가 개인이기도 하다는 당연한 상황이 위계적인 소통의 양편에 있는 참여자들이 성급한 추론을 하지 않도록 막아줄 것이다. 따라서 종종 상사들의 개인적인 자질들로 귀속되는 것 — 변덕, 자기모순, 기분 — 은 상사들의 역할 실행의 부수적인 현상에 불과하다. 루만은 보스의 접근할 수 없는 시간들과 번갈아서 나타나는 "접근할 수 있는 시간들"을 말할 때, 그 점을 환기시킨다. 또한 신임 보스들은 이미 오래 전부터 그들의 평소 모습에 친숙한 반대자들이 특별히 새로운 역할에서 불확실성을 체험할 때에 자신이 그 역할에서 과거의 자아에 머물러 있다는 느낌이 별 도움이 되지 않는다는 점을 배운다. 반대로 언젠가 정부의 고위 관료가 표현한 것처럼, 최고 지위에 있으면 아주 특이한 개성들만을 발전시키는 경향이 있다는 사실 또한 문제가 없지는 않다. 최고 지위의 점유자들이 그 상황을 성찰하지 못하고 있다면, 다른 사람들이 불필요하게 더 큰 거리감과 무시를 느끼게 만들 것이다. 보스와 부하직원들은 서로에게 어떤 태도를 취해야 하는지를 이미 알기 때문에, 동료에서 보스로 역할이 바뀐 뒤에도 갈등이 유지되는지 아닌지의 문제는 양 쪽이 어느 정도로 사적인 태도를 취하는 경향이 있는지에 따라 달라진다.

이 맥락에서 중요한 루만의 이론적 성과는 자발적 행위에 대해서도 타당하다. 루만에 따르면, 자발적 행위의 경우에는 승인을 끌어낼 능력이 있는지에 관해 골머리를 앓지 않아도 되고 사회적 행위의 경우에 그 행위가 품고 있는 의도로 인해 행위자의 이미지가 나빠질 가능성을 생각하지 않아도 된다. 우리는 행위를 관찰하여 잘못된 행위를 개인의 탓으로 돌리지 않는 사람들의 인지적인 기본 생각에 힘입어 우리가 비난 받을 위험이 없다고 생각할 수 있을 때에만 그렇게 전제할 수 있다. 루만이 예법, 자기훈련, 감정을 유지하겠다는 마음, 동료 간 행동의 요소들로서 쌍 방 존중을 반복하여 말할 때, 그는 소통에서 요구되는 특별한 조건들을 언급하고 있다. 루만은 그렇게 언급함으로써 업무에 관련하여 조직 내에서 비교적 가볍게 실행되는 소통의 중요성을 환기시키고자 한다. 그런 소통은 보스와의 대화에서는 조심스런 겸양이 필수적인 덕목이기(이 책의 23쪽) 때문에, 보스가 참여하는 조건에서는 실현되기 어렵다. 하지만 대부분의 조직들이 그럼에도 불구하고 자발적 행위를 활성화시키는 데에 관심을 기울인다는 점을 생각한다면, 우리는 보스들이 필요불가결한 존재이면서 그들의 지위로 인해 방해가 된다는 역설을 통해 보스들을 현실적으로 수용할 수 있게 된다.

# 니클라스 루만
# 사랑 : 연습

Liebe: Eine Übung

## 이 철 옮김

이 책은 "사랑"이라는 근대사회의 독특한 현상을 사회이론적인 관점에서 분석한다. 남녀 사이에 모든 체험을 공감하고 공유해야만 유지되는 근대의 소통체계는 어떤 사회적인 이유에서, 어떤 사회적인 필요에 따라 제도화되었는가? 친밀체계는 근대사회에서 소통이론과 매체이론적으로 어떤 문제를 해결했으며, 다른 문제들을 낳았는가?

친밀체계는 인정을 받으려는 인간 보편의 욕구들이 자아의 체험을 타자의 행동을 통해 입증받으려는 유형으로서 구체화된 것이다. 그런데 모든 심리적 체계들은 자기 속에 갇혀 자기와의 대화만으로 세상을 접촉하고 있다는 착각에 빠져 있다. 그래서 소통에 참여하는 심리적 체계들은 소통을 통해 서로가 공유하는 객관적인 의미 영역을 확장해나가는 것이 아니라, 자기만의 주관적 의미 영역만을 가꾸어나가는 것이다. 친밀체계의 성공과 좌초의 위험은 바로 여기에 있다.

사랑을 냉철하게 분석하여, 친밀체계의 근본적인 구조를 잘 이해한 사람들이라면, 사랑의 소통을 잘 구사함으로써 실패보다 성공의 가능성을 높일 수 있을 것이다.

# 니클라스 루만
# 사회이론 입문

Einführung in die Theorie der Gesellschaft

## 디르크 베커 편집
## 이 철 옮김

　니클라스 루만은 빌레펠트 대학에서 개설한 마지막 강의에서 근대사회가 움직일 새로운 여지들과 행해 가능성들을 보여주는 이론을 근대사회에 제시하겠다는 목표를 추적한다. 루만은 과거 사회들과 그 사회들의 구조들과 사고방식들이 이론적 사고에 작용하지 못하도록 차단한 후에, 근대사회가 지금까지의 모든 사회와 어떤 점에서 구별되는지를 분석해 낸다. 루만은 그에 병행하여 사회학에 생소한 개념들을 갖고 오늘날의 사회를 기술한다. 그 개념들은 주로 체계이론에서 유래하지만, 생물학, 사이버네틱스, 커뮤니케이션이론과 정보이론에 근거하기도 한다.

　루만은 자신의 이론을 국제 재정시장, 정치, 언어, 근대 커뮤니케이션매체 등과 같은 구체적인 경험적 현상들에 지향하고, 그럼으로써 자신의 이론을 선명하게 부각시킨다. 루만은 강의를 진행해나가면서 기존의 인식 장벽들과 사고 장벽들을 붕괴시키고, 현재 사회의 성격과 형식을 제대로 볼 수 있도록 안내한다.

# 니클라스 루만
# 사회의 교육체계
Das Erziehungssystem der Gesellschaft
### 디터 렌첸 편집
### 이철 · 박여성 옮김

 이 책은 근대사회의 교육 현상을 생성되는 모습 그대로 정의하고, 그 제도화 과정과 해부도를 제시한다. 인간완성, 인간해방과 같은 목적론적 관점에서 교육을 바라보지 않는다. 이데올로기와 가치들을 추구하는 대신, 정확한 현실 분석과 실현 가능한 대안을 고민해보자는 것이다.

 니클라스 루만은 이러한 기술이론(descriptive theorie)을 통해, 교육의 맹목성과 무능력을 비판이론보다 더 급진적으로 보여준다. 그리고 문제 해결을 위해, 교육이 교육실천 의도에 얼마나 충실한지의 관점에서 자신과 사회의 관계를 성찰하고, 교육과 사회의 관계의 균형을 회복할 것을 촉구한다.

# 한스 페터 헤네카
# 사회학의 기본 : 사회학적 사유와 관찰
## Grundkurs Soziologie
### 이철 · 박한경 옮김

이 책은 일반 사회학 개론서와는 달리, 사회학적 사유와 관찰에 필요한 정수들로 독자들을 초대한다. 아리스토텔레스, 토마스 아퀴나스, 이븐 칼둔, 마키아벨리, 파레토 등을 사회학자로서 만날 수 있다. 마르크스, 뒤르켐, 베버에 집중된 국내 사회학에, 짐멜, 파슨스, 다렌도르프를 더하여, 인간, 사회, 사회적 연관성으로서의 집단에 대해 균형 잡힌 분석을 실행한 토대에서 통합이론과 갈등이론을 비교한다. 또한 대표적인 조사방법들, 즉 관찰, 설문조사, 이차 분석, 내용분석, 전기적 방법, 실험, 행위조사, 소시오메트리, 네트워크분석의 핵심 내용들을 간결하게 전달한다. 이 책은 사회학적 관점, 사회과학적 인식과 조사 방법, 사회학적 경험조사의 실행 능력을 중개한다.

칼 하인리히 베테
사회의 스포츠:
니클라스 루만의 체계이론에 기초한 연구들
Systemtheorie und Sport
송형석 · 이철 옮김

  체계이론은 탈(脫)주체화를 통한 주체 해명을 추구한다. 처음에는 혼란스럽고 역설적인 이 공식은 근대 인간의 가능성과 곤경을 의외의 다른 방식과 현실에 적절한 방식으로 설명한다.

  관찰의 재귀성과 회귀성의 조건 하에서는 관찰로부터 자유로운 관찰이란 존재하지 않는다. 체육학의 모든 분과 과학들은 자신의 연구 활동이 다른 관찰자에 의해 관찰되도록 해야 한다. 이러한 견해는 많은 체육학자들이 스포츠의 번영을 위해 만들어낸 스포츠와 과학의 통일상을 뒤흔들어 놓을 것이다.

## 2017년 학술원 우수도서

## 출간예정

펠릭스 라우
역설의 형식 :
조지 스펜서브라운의 『형식의 법칙들』의
수학과 철학에의 입문
이 철 옮김

영국의 수학자 조지 스펜서브라운(1923-2016)은 전제된 참과 거짓에 기초하는 논리학에 수학적인 근거를 마련해 준다. 그는 또한 존재와 부재 사이의 관계를 수학적으로 탐구하지 않은 채 바로 의미 세계들(숫자 및 연산항과 연산자의 차이)로 넘어간 수학과는 달리, 순수하게 형식적인 수학적 관계들에 관한 사유를 펼쳐 보인다. 『형식의 법칙들』은 러셀, 부울, 화이트헤드 등의 유형이론이 해결하지 못했던 문제를 풀어내었으며, 괴델의 불완전성 정리 문제로부터도 자유롭다.

이 책은 주류 수학에 새로운 과제와 해법을 보여주며, 주류 철학에 새로운 인식론의 기초를 제시한다. 그리스철학이 잘못된 전제에서 출발했음을 드러내며, 도교, 불교의 사유를 수학적으로 입증한다. 그러한 수학적 입증에 동원된 "지시산법(Calculus of Indication)"은 부재와 존재, 공간과 시간을 포함하여 모든 대상과 현상이 "어떤 것/경계/그 밖의 다른 것"이라는 형식의 동일함(Einheit)을 공통적으로 가지고 있음을 보여준다.

## 출간예정

### 니클라스 루만
### 사회의 학문

Die Wissenschaft der Gesellschaft

### 이 철 옮김

이 책은 두 가지 상이한 이론 영역을 결합하고자 한다. 그래서 두 가지 상이한 출발점에서 독서할 수 있다. 첫째, 이 책은 사회이론에 대한 하나의 중요한 기여이다. 현대사회는 기능적으로 분화된 사회적 체계로서 파악되며, 그 결과 학문은 이 포괄적인 사회적 체계의 부분체계들 가운데 하나로서 다루어진다.

다른 출발점은 인식론이나 인식소론 같은 표현 하에 20세기 중반부터 이어져오는 논의에 있다. 여기서는 관념론적 토대나 초월론적 토대를 포기하며 (그래서 주관적) 토대를 포기하며, 그 대신 전적으로 실제적인 체계들을 전제하는 "구성주의적" 개념들을 지향한다. 실제적인 체계들이란, 자기 힘으로 환경에 접근할 수 없기 때문에 자신의 관찰을 고유한 구성에 지향하고 지향해야만 하는 체계들을 말한다.

## 출간예정

### 니클라스 루만
### 사회의 정치
Die Politik der Gesellschaft
### 서영조 옮김

이 책은 이상적인 국가나 정치사상을 지향하는 방식으로 정치를 기술하지 않는다. 이 책의 제목, "사회의 정치"란 집합적으로 구속력 있는 결정을 내리는 기능을 위임하는 특수 소통이 사회의 전체의 소통으로부터 분화독립화되어 나왔음을 뜻한다. 그래서 정치란 정치인과 유권자들 사이의 권력위임 소통이며, 국가는 정치의 중심이 아니라 이러한 특수 소통의 부산물이다.

근대사회의 정치체계는 국가의 정책을 결정할 수 있는 권한을 다투는 중심부와 그 결정 과정에 영향을 미치려는 주변부로 나뉘어 있다. 이러한 구조에서 정치인들은 유권자들의 기대에 부응하는 보스일 수밖에 없다. 정치인들만을 일방적으로 비난할 일이 아니다. 정치인들이 직면한 유권자들의 기대가 정확하게 소통될 수 있도록 도모하여야 할 것이다. 정치체계, 즉 권력 위임 소통을 그 자체로서 관찰하고, 그 소통에서 기대할 수 있는 것만 기대해야 한다. 정치와 정치인 및 정치 소통에 맡겨진 기능을 이 관점에서 성찰하고 강화하는 일이 급선무이다.

## 출간예정

**니클라스 루만**
**사회의 경제**
Die Wirtschaft der Gesellschaft
**유근춘 옮김**

"사회의 경제"에 대한 이 책의 서술은 경제의 성공과 위험이라는 두 측면 모두에 관심이 있다. 이 책은 현재 경제가 처한 지점에서 분석을 시작한다. 경제의 입지는 안정성과 불안정성이라는 고도로 독특한 사정과 상당한 정도의 임시성과 둔탁함이라는 특징을 가지고 있다. 경제는 또한 상당한 정도의 탈사물화와 꾸며낸 상품들, 모든 기본적 작동들의 상당한 규정성과 미규정성의 특징을 지닌다. 이 책은 불안정성 자체를 경제의 재생산 기제로서 기술하고, 그 지점으로부터 스스로 탈안정화되는 경제가 예컨대 정치와 과학에 어떤 영향을 미치는지를 질문하며, 또한 자원들과 인간의 동기에 어떤 영향을 미치는지를 질문한다.

## 출간예정

### 니클라스 루만
### 공식 조직의 기능과 파생 문제들
Funktionen und Folgen formaler Organisation
### 이 철 옮김

"급격한 변화를 겪은 조직 영역에서는 지난 삼십년 동안 많은 것이 달라졌으며, 조직학은 이 책의 초판이 출간된 1964년 이후 근본적인 변화를 겪었다. 하지만 이 말은 이 책의 연구 관점이 거부되었거나 진부해졌다는 뜻은 아니다."

1999년 이 책의 5판을 출간할 때에 루만이 에필로그에서 한 말이다. 이 책은 현재 독일의 조직사회학 영역에서 가장 중요한 문헌이며, 현대의 사회과학적 조직론의 편람으로서 필독서가 되었다. 루만은 통일적이며 통합된 조직이론을 구축하겠다는 목표를 세우고는, 이 목표를 위해 체계이론과 결정이론을 통합하는 이론을 구축하였다. 이 책은 이 관점에서 조직 내에서의 실제 행동유형들을 이론화한 유일한 연구서이다.

# 출간예정

## 야아우스, 낫세이 등
## 루만 — 핸드북: 생애 - 저작 - 영향
Luhmann — Handbuch: Leben - Werk - Wirkung
### 박여성 · 이 철 · 송형석 옮김

니클라스 루만의 체계이론은 독일에서 많은 학문 분과뿐만 아니라 사회의 지적 논의를 이끌고 있다. 구십여 명의 전문 루만 연구자들이 백여 편 이상의 글을 모아 출간한 이 핸드북은 루만의 일대기에 대한 설명에서 시작하여, 그의 사고의 토대들과 여러 이론 줄기들을 추적한다. 루만은 진화이론, 소통이론, 매체이론과 사회이론을 동시에 추진하였다. 진화이론은 시간적 차원에서의 의미 변화를, 소통이론은 사회적 차원에서의 의미 처리 과정의 변화를, 매체이론은 사실적 차원에서의 의미 처리 방식을 다룬다. 사회이론은 사회의 소통이 이 셋의 종합으로서 진행되는 것으로 기술되었다.

그밖에도 이 책은 루만의 저작들에 관한 분석도 보여준다. 이 책은 자기생산, 코드, 복잡성, 체계 등의 체계이론의 중심 개념들, 다른 학자들과의 연관, 20여 개의 학문분과 별 루만 수용도 다루고 있다. 루만 이론이 주체 없는 이론, 경험 없는 이론, 비판 없는 이론의 포즈를 취했거나 거대이론의 위상을 취했다는 점이 실제 어떤 의도와 유용성이 있는지에 대한 논의도 볼 수 있다.